NATÜRLICH BACKEN
MIT AMBER ROSE

NATÜRLICH BACKEN MIT AMBER ROSE

SÜSSES FÜR ALLE SINNE

FOTOS VON ALI ALLEN

AUS DEM ENGLISCHEN VON CLAUDIA THEIS-PASSARO UND ANNEGRET HUNKE-WORMSER

KNESEBECK

**Dieses Buch ist meiner Mutter und meinem Sohn gewidmet.
Ich danke euch für euere Liebe und Geduld.**

Ich rate unbedingt zur Anschaffung eines Backofenthermometers – es ist nicht teuer und meist sogar im Supermarkt zu finden. Ich selbst backe lieber ohne Umluft, nur mit Ober- und Unterhitze. Die Hitze ist sanfter, und der Kuchen bäckt gleichmäßiger. Die Angaben zur Ofentemperatur beziehen sich daher auf Backöfen ohne Umluft. Wenn Sie mit Umluft backen möchten, sollte die Temperatur um 10 °C reduziert werden. Aus demselben Grund habe ich auch auf die Angaben für Gasherde verzichtet, denn sie sind nicht präzise genug. Bei den meisten Gasherden entsprechen 180 °C Stufe 2, 200 °C Stufe 3, aber das sind nur grobe Richtwerte. Jeder Herd ist anders.

Manche Kuchen werden am besten noch am selben Tag gegessen, andere halten sich sehr gut. Kuchen mit hellem Dinkelmehl sollten am Backtag verzehrt werden, alle anderen (mit Nussmehl, Buchweizenmehl, Roggenmehl, Grieß oder Polentamehl) halten sich länger und schmecken manchmal nach einigen Tagen sogar noch besser.

Wenn das Rezept Schalen von Zitrusfrüchten verlangt, sollten Sie nur unbehandelte Früchte aus biologischem Anbau verwenden. Kaufen Sie nach Möglichkeit Eier aus ökologischer Haltung oder zumindest aus Freilandhaltung.

Titel der Originalausgabe: *Love Bake Nourish*
Erschienen bei Kyle Books, ein Imprint von Kyle Cathie Ltd, London, Großbritannien 2013

Deutsche Erstausgabe

Ein Unternehmen der La Martinière Groupe

Umschlaggestaltung: Leonore Höfer, Knesebeck-Verlag
Übersetzung: Claudia Theis-Passaro und Annegret Hunke-Wormser
Lektorat, Satz und Herstellung: VerlagsService Dr. Helmut Neuberger & Karl Schaumann GmbH, Heimstetten

Printed in China

ISBN 978-3-86873-686-1

www.knesebeck-verlag.de

8
EINLEITUNG
10
FÜR JEDE JAHRESZEIT
76
DESSERTS
100
SÜSSE TARTES UND BAISERS
138
KLEINGEBÄCK
172
CREMES, PUDDINGS UND KOMPOTTE
192
KRÄUTERTEES
204
REGISTER UND DANK
208

Einleitung

Dieses Buch bietet in dem gewaltigen Angebot an Backbüchern etwas ganz Neuartiges. Es handelt sich um eine ehrgeizige, aber auch gut umsetzbare Sammlung von Rezepten, die Ihnen als Anregung auf dem Weg zu einer gesünderen und nahrhafteren Art des Backens dienen sollen. Viele der heute gängigen Backrezepte liefern immer und immer wieder dieselben Geschmackskombinationen, und fester Bestandteil sind dabei Weißmehl und raffinierter Zucker. Eine amerikanische Kochbuchautorin sagte einmal, immer nur weißes Mehl zu verwenden, sei, wie das ganze Haus in einer einzigen Farbe zu streichen. Die Helden meiner Rezepte sind daher Früchte der jeweiligen Saison sowie Mehl aus alten Getreidesorten wie Dinkel, Roggen und Buchweizen, aber auch Nussmehle. All dies ist eine gesunde Alternative zu den üblicherweise verwendeten Mengen an raffiniertem Zucker und Gluten. Das Gute daran ist: Das Ergebnis schmeckt intensiver, es hat mehr Biss und ist zudem auch noch gesünder.

Ich bin in Neuseeland aufgewachsen inmitten eines großen Gartens voller Gemüse und wundervoller alter Obstbäume rings um unser Haus. Es war für mich ein großes Glück, dass meine Mutter sich nicht nur für den Erhalt traditioneller Obstsorten eingesetzt, sondern mich auch bei allem, was mit Essen zu tun hatte, mit einbezogen hat. So habe ich gelernt, wann und wo die guten Dinge wachsen, wie man sie anbaut, wie man sie zubereitet und, vor allem, wie man sie genießt. Die meisten meiner Kindheitserinnerungen sind auf die eine oder andere Weise mit Essen verbunden: Ich sehe mich noch nach der Obst- oder Gemüseernte am Küchentisch sitzen und stundenlang Aprikosen entkernen, Basilikumblättchen von den Stängeln zupfen, Passionsfrüchte auslöffeln oder Äpfel schälen – für Saft, Konserven, Marmelade, zum Backen und zum Kochen. Jedes Mal wenn ich durch den Garten streifte, fand ich irgendwelche verborgenen Schätze: ein Büschel Erdbeeren, wundervolle Zucchiniblüten, Kräuter über Kräuter, Pflaumenbäume, deren Äste sich unter dem Gewicht der Früchte bogen. Und dann fing es in meinem kleinen Kopf an zu arbeiten. Ich überlegte, was für feine Dinge ich wohl daraus machen könnte und welche Aromen sich gut miteinander kombinieren lassen würden. Jede Jahreszeit brachte andere Köstlichkeiten aus dem Garten und somit auch immer wieder neue Kombinationsmöglichkeiten. Diesen aus meiner Kindheit stammenden Assoziationen rund um Essen ist es wohl zu verdanken, dass ich auch den dazugehörigen kreativen Prozess sehr genieße – all die Freude, das Lachen, auch die wichtige Aufgabe, nach einer chaotischen Back-Orgie alle Töpfe und Gerätschaften wieder zu reinigen und aufzuräumen. Gern erinnere ich mich an den Stolz, mit dem ich meinen Stapel Pfannkuchen präsentierte, meine prächtigen Baisers, meine dampfenden Nachspeisen und fruchtigen Kuchen.

Dieses Buch deckt alle Anlässe ab, alle Jahreszeiten und alle Stimmungen und bringt dabei althergebrachte Zutaten in die moderne Küche. Ich verwende leicht erhältliche Früchte, Honig, Nüsse und sogar Blüten für natürlichere und gesündere Backwaren. Einige der Rezepte sind ohne Zucker und Weizen, manche sogar ohne Milchprodukte, in anderen Rezepte wird Zucker und Mehl verwendet, aber immer so, dass die natürlichen Eigenschaften der verwendeten Zutaten voll zur Geltung kommen können. Das heißt nicht, dass sich all diese Rezepte für eine Diät eignen würden – sie enthalten oft Butter, manchmal Sahne –, aber Backwaren, insbesondere Kuchen, sollte man ohnehin nicht täglich essen. Sie sollten etwas Besonderes bleiben, und dann ist es umso besser, wenn sie auch noch viele Nährstoffe enthalten.

Essen ist für mich etwas, das Menschen zusammenführt. Es ist ein Grund zur Freude, eine Möglichkeit, unsere Liebe zu anderen und zu uns selbst zum Ausdruck zu bringen. Mit den Jahreszeiten zu kochen und zu backen, hilft uns dabei, ein Gespür für unseren natürlichen Rhythmus des Lebens zu bekommen. Damit verwöhnen wir nicht nur unseren Gaumen, sondern lernen auch, bewusster und sparsamer mit den Dingen umzugehen, was bei unserer eigenen Ernährung und der unserer Familien eine wichtige Rolle spielt. Meiner Mutter war es ein Anliegen, ihre Familie mit guten, gesunden Gerichten zu ernähren, und seit ich selbst Mutter bin, ist es auch für mich zu einer Leidenschaft geworden.

Ich möchte die Menschen dazu ermuntern, beim Backen mit gesünderen, zur Jahreszeit passenden Zutaten zu experimentieren und sich selbst, ihre Familien und ihre Freunde zu verwöhnen.

FÜR JEDE JAHRESZEIT

Ich backe Kuchen, solange ich mich erinnern kann, und mindestens genauso lange esse ich sie auch gerne! Ich hatte als Kind das große Glück, den Obstgarten meiner Mutter als Inspirationsquelle zu haben – es gab immer irgend etwas, das ich in den Teig geben, oder hübsche Blüten, mit denen ich meine Kuchen verzieren konnte. Die ersten Veilchen im Frühling kamen oft auf den Schokoladenkuchen, Beeren vielleicht in einen Biskuitteig, Äpfel machten sich gut in einem Vollkornkuchen aus Roggenmehl, mit Walderdbeeren wurde dekoriert, alte Rosensorten sorgten für Farbe und Duft, und Eingemachtes schließlich verlieh im Winter Selbstgebackenem Geschmack und Fülle, wenn Garten und Bäume kahl waren. Das Schöne beim Backen mit Obst ist zum einen, dass der Kuchen herrlich aromatisch wird, zum anderen, dass man auch sehr reife Früchte in den meisten Fällen noch gut verwerten kann. So wird der Teig für Bananenbrot desto besser, je reifer und weicher die Bananen sind, und genauso sorgen leicht überreife Äpfel für einen saftigen Kuchen. Auf diese Weise kommen beim Backen sogar Lebensmittel zu Ehren, die wir ansonsten vielleicht weggeworfen hätten, und so wirken wir nicht nur der Verschwendung entgegen, sondern lassen aus ihnen sogar noch etwas umso Köstlicheres und Spannenderes entstehen. In diesem Kapitel stelle ich Ihnen eine Auswahl meiner Lieblingskuchen vor. Sie machen sich gut bei besonderen Anlässen oder auch einfach so zum Genießen. Ich hoffe, Sie finden in diesen Rezepten einige Anregungen für Ihre eigene Backstube.

Limettenkuchen mit Orangenblüten und Pistazien

Die Idee zu diesem Kuchen kam mir während einer Reise nach Marokko, als ich nach dem Bummeln über die Märkte mit einer Tasche voller Limetten, einem Körbchen mit Orangenblüten und der unbändigen Lust auf etwas Süßes wieder in unser Riad kam. Ein Stück von diesem Kuchen, dazu eine Tasse Orangenblütentee (siehe Seite 201) an einem sonnigen Nachmittag – einfach perfekt.

Ergibt 10–12 Stücke
225 g helles Dinkelmehl, gesiebt
2 TL Backpulver, 1 Prise Salz
80 g gemahlene Mandeln
100 g Pistazien, geröstet und gehackt
2 große Eier, 250 g Honig
250 g griechischer Joghurt
150 ml natives Olivenöl extra
abgeriebene Schale von ½ Bio-Zitrone
abgeriebene Schale von 1 Bio-Limette

Für den Sirup
100 g Honig
Saft von 1 Limette
etwa 2 EL Orangenblütenwasser

Zum Anrichten (nach Belieben)
Puderzucker aus Rohrohrzucker
Rosenblütenblätter oder Orangenblüten (nach Belieben)
250 g griechischer Joghurt
1 Handvoll gehackte Pistazienkerne

Den Backofen auf 180 °C vorheizen. Eine Springform (22 cm Durchmesser) einfetten und mit Mehl bestäuben.

Das Mehl, das Backpulver, das Salz, die gemahlenen Mandeln und die Pistazienkerne in einer großen Schüssel mischen. In einer zweiten Schüssel die Eier, den Honig, den Joghurt sowie das Olivenöl mit der Zitronen- und der Limettenschale verrühren. Eine Mulde in die trockenen Zutaten drücken, die feuchten Zutaten hineingeben und alles gründlich miteinander vermengen. Den Teig in die vorbereitete Kuchenform geben und mit einem Konditormesser glatt streichen. Den Kuchen im vorgeheizten Ofen etwa 50 Minuten backen, bis bei der Stäbchenprobe kein Teig mehr haften bleibt. 30 Minuten in der Form abkühlen lassen.

Inzwischen den Sirup zubereiten. In einem kleinen Topf 150 ml Wasser mit dem Honig 5–6 Minuten auf die Hälfte einkochen lassen. Den Limettensaft dazugeben und eine weitere Minute kochen, dann nach Geschmack das Orangenblütenwasser zufügen. Mit einem Holzstäbchen oder einem Kuchentester die Oberfläche des warmen Kuchens (noch in der Form) mehrfach einstechen und den Honigsirup vorsichtig darübergießen. Wenn die Flüssigkeit aufgesogen und der Kuchen vollständig erkaltet ist, den Kuchen aus der Form nehmen, mit etwas Puderzucker bestäuben, nach Belieben mit Rosenblütenblättern oder Orangenblüten verzieren und mit einem Klecks Joghurt und gehackten Pistazienkernen garnieren.

Kuchengenuss für zwei

Diesen kleinen Kuchen backe ich manchmal im zeitigen Frühling für meinen Sohn Oli und mich, wenn wir uns etwas Besonderes gönnen möchten – vor allem nach einem langen Winter, wenn man so richtig Lust auf einen kleinen, feinen Leckerbissen hat. Dekoriert werden kann er nach Lust und Laune mit essbaren Frühlingsblüten – Veilchen oder Primeln – oder, wie in diesem Beispiel, mit frisch kandierten Rosenblütenblättern. Da es zu dieser Jahreszeit kaum frische Früchte gibt, habe ich mich für zuckerfreien Fruchtaufstrich als Obstkomponente entschieden – nehmen Sie ruhig Ihre Lieblingsmarmelade.

Ergibt 6 Stücke
160 g weiche Butter
160 g helles Dinkelmehl, gesiebt
2 große Eier
2 TL Backpulver
160 g Ahornsirup
das ausgeschabte Mark von 1 Vanilleschote, ersatzweise 1 TL Vanilleextrakt
1 TL Zitronensaft

Für die Füllung
3 EL Marmelade nach Geschmack (möglichst zuckerfrei)
150 g Schlagsahne, steif geschlagen

Zum Verzieren
Puderzucker aus Rohrohrzucker
frische Blüten oder kristallisierte Blütenblätter (siehe Seite 190)

Den Backofen auf 180 °C vorheizen. Zwei kleine Backformen (16 cm Durchmesser) einfetten und mit Backpapier auslegen.

In einer großen Rührschüssel die Butter mit dem Handrührgerät schaumig rühren. 2–3 EL von dem Mehl dazugeben und die Eier einzeln nacheinander unterrühren. Die Masse solange schlagen, bis sie locker und schaumig ist (sollte es so aussehen, als würde sie gerinnen, noch einen EL Mehl dazugeben). Das restliche Mehl und das Backpulver zusammen mit dem Ahornsirup, der Vanille und dem Zitronensaft dazugeben und alles vorsichtig vermischen.

Die Masse gleichmäßig auf die beiden Backformen verteilen, mit einem Konditormesser glatt streichen und im heißen Ofen etwa 25 Minuten backen, bis die Kuchen in der Mitte auf Fingerdruck nicht mehr nachgeben. Die Kuchen aus dem Ofen nehmen und 5 Minuten in den Formen stehen lassen, dann herausnehmen und auf einem Kuchengitter auskühlen lassen.

Nach dem Abkühlen einen der beiden Kuchen auf eine Tortenplatte legen, mit der Marmelade bestreichen und die geschlagene Sahne darüber verteilen. Nun die zweite Kuchenschicht auf die Sahne legen, mit Puderzucker bestäuben und mit hübschen Blüten oder kandierten Blütenblättern verzieren.

Genießen Sie diese kleine Köstlichkeit auf Ihren schönsten Tellern und zu Ihrem feinsten Tee mit einem sehr lieben Menschen.

Rosenwasser-Erdbeer-Torte

Dieses Rezept bietet sich an, wenn die Erdbeeren süß und aromatisch sind, wenn das Wetter zum Picknick einlädt und der späte Nachmittag, in wunderbares Sommerlicht getaucht, in herrlich lauwarme Abende im Kreis von Familie und Freunden übergeht. Erdbeeren und Rosen haben zur selben Zeit Konjunktur. Was also liegt näher, als diese beiden Aromen zu kombinieren? Etwas Zitrone dazu sorgt für Frische.

Ergibt 8–10 Stücke
220 g weiche Butter
220 g helles Dinkelmehl, gesiebt
3 mittelgroße Eier
2 TL Backpulver
2 TL Rosenwasser
225 g Ahornsirup
abgeriebene Schale von ½ Bio-Zitrone
Puderzucker aus Rohrohrzucker oder Rosenblüten zum Dekorieren (nach Belieben)

Für die Füllung
400 g Erdbeeren
1 TL Zitronensaft
150 g Schlagsahne
1 EL Ahornsirup
1 TL Rosenwasser
150 g griechischer Joghurt
5 EL Rosenblütengelee (oder zuckerfreier Himbeer-Fruchtaufstrich)

Den Backofen auf 180 °C vorheizen. Zwei Springformen (20 cm Durchmesser) einfetten und mit Mehl bestäuben.

In einer großen Rührschüssel die Butter mit dem Handrührgerät schaumig rühren. 2–3 EL Mehl dazugeben und die Eier einzeln nacheinander unterrühren. Die Masse solange rühren, bis sie locker und schaumig ist. Mit einem großen Metalllöffel oder einem Teigschaber das restliche Mehl mit dem Backpulver vorsichtig unterheben. Das Rosenwasser, den Ahornsirup und die Zitronenschale dazugeben und unterziehen.

Den Teig gleichmäßig auf die beiden Backformen verteilen, mit einem Konditormesser glatt streichen und im heißen Ofen 20 Minuten backen, bis die Kuchen in der Mitte auf Fingerdruck nicht mehr nachgeben. Aus dem Ofen nehmen und in den Formen 5–10 Minuten abkühlen lassen. Dann auf ein Kuchengitter stürzen und abkühlen lassen.

Für die Füllung zunächst zwei Drittel der Erdbeeren waschen, entstielen, längs in Scheiben schneiden, in eine Schüssel geben und mit dem Zitronensaft begießen. Die Sahne steif schlagen, bis sie Spitzen bildet. Dann vorsichtig den Ahornsirup und das Rosenwasser unterrühren und zuletzt den Joghurt unterziehen.

Einen der beiden Kuchen auf eine Tortenplatte legen und das Rosenblütengelee oder den Fruchtaufstrich darauf verteilen Dann vorsichtig mit der Sahnemischung bestreichen und die Erdbeerscheiben darauf verteilen. Die zweite Kuchenplatte auflegen, mit den restlichen ganzen Erdbeeren garnieren und nach Belieben mit Puderzucker bestäuben oder mit Rosenblütenblättern garnieren.

Torte mit Holunderblüten und Erdbeeren

Holunderblüten und Erdbeeren harmonieren wunderbar miteinander. Das habe ich mir hier, angelehnt an einen einfachen Zitronen-Mandel-Kuchen, zunutze gemacht – eine umwerfende Kombination, wie ich finde. Holunderblüten sind nur sehr kurze Zeit zu haben, und am besten sind sie, wenn sie sich gerade öffnen. Sie können Ihren eigenen Holunderblütensirup leicht selbst herstellen oder einen hochwertigen gekauften Sirup verwenden. So oder so, dies ist ein ganz besonderer Kuchen.

Ergibt 8–10 Stücke
250 g weiche Butter
150 g feiner Rohrohrzucker
100 g Honig
das ausgeschabte Mark von 1 Vanilleschote, ersatzweise 1 TL Vanilleextrakt
4 große Eier
200 g helles Dinkelmehl, gesiebt
50 g Speisestärke
2 TL Backpulver
2–3 EL Vollmilch

Für den Sirup
Saft von ½ Bio-Zitrone
4 EL Holunderblütensirup
2 EL Honig

Zum Anrichten
300 g Erdbeeren, gewaschen und entstielt
Holunderblüten (nach Belieben)

Den Backofen auf 160 °C vorheizen. Eine Springform (20 cm Durchmesser) einfetten und mit Mehl bestäuben.

Zunächst den Sirup zubereiten. Dazu den Zitronensaft, den Holunderblütensirup und den Honig mit 200 ml Wasser in einem kleinen Topf aufkochen lassen, dann bei schwacher Hitze 5 Minuten köcheln lassen und zum Abkühlen beiseitestellen.

Alle Zutaten für den Kuchen in eine große Schüssel geben und mit dem Handrührgerät 2–3 Minuten gründlich, aber nicht zu kräftig verrühren. Den Teig in die Kuchenform geben, mit der Rückseite eines Löffels oder mit einem Konditormesser glatt streichen und den Kuchen im heißen Ofen 30–35 Minuten backen, bis bei der Garprobe kein Teig mehr haften bleibt. Den Kuchen am Ende der Backzeit aus dem Ofen nehmen und die Oberfläche mit einem Holzstäbchen mehrfach einstechen. Dann zwei Drittel des Sirups gleichmäßig darüber gießen und das Ganze in der Form auskühlen lassen. Den Kuchen aus der Form stürzen.

Die Erdbeeren auf dem Kuchen anrichten und mit dem restlichen Sirup beträufeln. Nach Belieben mit einigen Holunderblüten garnieren. Sehr dekorativ!

Aprikosentorte mit Rosen

Die Rosen meiner Mutter stehen symbolisch für alles, was mir lieb und teuer ist: Gärten, Backen, Tee, Familie, Träumen, Blumen und Blüten. Mit diesem Kuchenrezept möchte ich meiner Mutter danken, die mir die Weisheiten und die Schönheit vor Augen geführt hat, die das Leben zu bieten hat.

ERGIBT 8–10 STÜCKE
180 g helles Dinkelmehl, gesiebt
2 TL Backpulver
130 g gemahlene Mandeln
5 große Eier, getrennt
225 g weiche Butter
200 g Honig
ausgeschabtes Mark von 1 Vanilleschote, ersatzweise 1 TL Vanilleextrakt
1 Prise Salz

FÜR DIE FÜLLUNG
4 gehäufte EL zuckerfreie Aprikosenkonfitüre
4–5 Aprikosen, halbiert, entsteint und in Scheiben geschnitten
300 g Schlagsahne

ZUM VERZIEREN
Puderzucker aus Rohrohrzucker
altenglische Gartenrosen

Den Backofen auf 180 °C vorheizen. Zwei Springformen (20 cm Durchmesser) einfetten und mit Mehl bestäuben.

Das Mehl mit dem Backpulver und den Mandeln in einer mittelgroßen Schüssel mischen. Die Eigelbe, die Butter und den Honig in eine große Schüssel geben und mit dem Handrührgerät mindestens 5 Minuten lang zu einer dicken, glatten Masse verrühren. Die Mehl-Mandel-Mischung zusammen mit der Vanille und dem Salz unter die Eimasse ziehen.

In einer trockenen Schüssel das Eiweiß zu steifem Eischnee schlagen. Nacheinander jeweils ein Drittel des Eischnees unter den Teig heben. Den Teig gleichmäßig auf die beiden Backformen verteilen und mit der Rückseite eines Löffels oder mit einem Konditormesser glatt streichen. Die Kuchen im vorgeheizten Ofen etwa 35 Minuten backen, bis die Kuchen in der Mitte auf Fingerdruck nicht mehr nachgeben. Aus dem Ofen nehmen und 5 Minuten in den Formen stehen lassen. Dann herausnehmen und auf einem Kuchengitter abkühlen lassen.

Einen der beiden Kuchen auf eine Tortenplatte legen und mit der Aprikosenkonfitüre bestreichen. Die Aprikosenscheiben darauf verteilen. Die Sahne steif schlagen und vorsichtig über die Aprikosen streichen. Den zweiten Kuchen darauflegen, das Ganze mit Puderzucker bestäuben und mit einer einzelnen Rosenblüte oder mehreren Ihrer Lieblingsrosen dekorieren.

Zitronige Haselnuss-Heidelbeer-Torte

Ein moderner Ansatz für einen englischen Klassiker, das Victoria Sandwich. Ich liebe Sahne, ich liebe Beeren und ich liebe Nüsse. Hier kommt alles gleichzeitig in einer köstlichen Torte zum Einsatz. Ein schönes Stück davon, dazu zehn Minuten Zeit ganz für mich, eine Tasse duftenden Jasmintees, und ich lasse die Welt hinter mir. Vor Kurzem war ich auf Besuch bei einer Freundin. Ich hatte etwas Kuchen zum Tee mitgebracht und bei dessen Anblick sagte einer ihrer Söhne: »Wer solche Torten backen kann, ist ein Superheld.« Ich glaube, das war das größte Kompliment, das ich je bekommen habe.

Ergibt 8–10 Stücke
115 g Haselnusskerne
260 g sehr weiche Butter
225 g helles Dinkelmehl, gesiebt
2 TL Backpulver
4 große Eier
130 g Honig (oder feiner Rohrohrzucker)
130 g Ahornsirup
abgeriebene Schale von 1 großen Bio-Zitrone

Für die Füllung
350 g Schlagsahne
2–3 EL Honig
2–3 EL zuckerfreier Heidelbeer-Fruchtaufstrich
200 g frische Heidelbeeren
Veilchen zum Verzieren (nach Belieben)

Den Backofen auf 180 °C vorheizen. Zwei Springformen (20 cm Durchmesser) einfetten und mit Mehl bestäuben.

Die Haselnüsse im Backofen 5–7 Minuten rösten. Sobald sie zu duften anfangen, aus dem Ofen nehmen, 1 oder 2 Minuten abkühlen lassen und den größten Teil der Haut abreiben. Die Nüsse in der Küchenmaschine fein mahlen.

Das Mehl mit dem Backpulver in eine große Rührschüssel sieben, alle anderen Zutaten dazugeben und alles mit dem Handrührgerät nicht zu stark verrühren – der Kuchen soll schön leicht werden. Den Teig in die vorbereiteten Formen füllen und mit einem Konditormesser glatt streichen. Die Kuchen 25–30 Minuten backen, bis sie aufgegangen und goldgelb sind und bei der Garprobe kein Teig mehr haften bleibt. Die Kuchen aus dem Ofen nehmen und 5 Minuten abkühlen lassen, dann vorsichtig aus der Form nehmen und auf ein Kuchengitter legen.

Für die Honigcreme die Sahne steif schlagen, bis sie weiche Spitzen bildet. Den Honig einträufeln lassen und weiter schlagen, bis er sich gut verteilt hat. Die Sahne mit dem Fruchtaufstrich marmorieren.

Die Kuchen an den Oberflächen plan schneiden. Einen davon auf eine Tortenplatte legen, zwei Drittel der Honigcreme darauf verteilen und mit dem zweiten Kuchen abdecken. Das Ganze mit der restlichen Honigcreme bestreichen, die frischen Heidelbeeren darüber verteilen und nach Belieben mit hübschen Veilchenblüten bestreuen.

Pfirsich-Pinienkern-Kuchen

Als ich klein war, hatten wir viele Pfirsichsorten im Garten. Ich liebte es, auf die Bäume zu klettern, um sie zu stibitzen, wenn sie gerade reif wurden, was mir (zu Recht) eine Menge Ärger einbrachte. Bei einem guten Pfirsich kann es passieren, dass ich völlig reglos innehalte, während ich mich gebannt auf sein saftiges, süßes Fruchtfleisch konzentriere. Pfirsiche gehören zweifellos zu meinen Lieblingsfrüchten, ganz besonders wenn sie frisch gepflückt und noch warm und süß von der Sonne sind.

ERGIBT 10–12 STÜCKE
175 g weiche Butter
160 g helles Dinkelmehl, gesiebt
3 große Eier
1 TL Backpulver
175 g Ahornsirup
80 g griechischer Joghurt
2 EL abgeriebene Schale von Bio-Zitronen
80 g Pinienkerne
3 Pfirsiche, halbiert, entsteint und in Scheiben geschnitten

Den Backofen auf 160 °C vorheizen. Eine Springform (25 cm Durchmesser) fetten und mit Backpapier auslegen.

In einer großen Rührschüssel die Butter mit dem Handrührgerät schaumig rühren. 2–3 EL Mehl dazugeben und die Eier einzeln nacheinander unterrühren. Die Masse solange rühren, bis sie locker und schaumig ist. Das restliche Mehl, das Backpulver, den Ahornsirup, den Joghurt, die Zitronenschale und 50 g der Pinienkerne dazugeben und alles gründlich vermengen.

Den Teig in die vorbereitete Form füllen, mit einem Konditormesser glatt streichen und mit den Pfirsichscheiben belegen. Die restlichen Pinienkerne über den Kuchen streuen und diesen etwa 1 Stunde backen, bis bei der Garprobe kein Teig mehr haften bleibt. Den Kuchen aus dem Ofen nehmen und rund 10 Minuten in der Form abkühlen lassen. Dann vorsichtig auf ein Kuchengitter stürzen und erkalten lassen.

Der Kuchen schmeckt wunderbar einfach so oder mit etwas Crème fraîche.

Lavendelkuchen mit Zitrone und Honig

Im Sommer 2010 besuchte ich meinen Freund Will auf Ibiza. Die Garteneinfassung seines Anwesens bestand aus wunderbar langstieligen Lavendelbüschen mit tiefvioletten Blüten und betörendem Duft. Es war genau die Sorte, die man ihres Aromas und ihrer Farbe wegen für Duftsäckchen und ätherische Öle verwendet. In meinem immerwährenden Streben nach süßen Dingen dachte ich mir, Lavendel würde eine fantastische Ergänzung zu einem einfachen Zitronen-Mandel-Kuchen abgeben, alles Zutaten, die auf der Insel wuchsen und just während dieser himmlisch heißen Tage des spanischen Sommers zu haben waren. Und hier ist das Rezept zu dem Kuchen, den wir gemeinsam bei Sonnenuntergang nach einem von Wills wunderbaren Abendessen genossen haben.

Ergibt 10–12 Stücke
4 unbehandelte Lavendelzweige, frisch oder getrocknet
100 g feiner Rohrohrzucker
225 g weiche Butter
225 g fein gemahlene Mandeln
ausgeschabtes Mark von 1 Vanilleschote, ersatzweise 1 TL Vanilleextrakt
3 große Eier
abgeriebene Schale von 2 Bio-Zitronen, Saft von ½ Zitrone
75 g Honig
110 g Polenta (Maisgrieß)
½ TL Backpulver
1 Prise Salz

Den Backofen auf 160 °C vorheizen. Eine Springform (20 cm Durchmesser) einfetten und mit Mehl bestäuben. Die Lavendelblüten fein hacken und mit dem Zucker vermischen.

In einer großen Rührschüssel die Butter und den Zucker mit dem Handrührgerät schaumig schlagen. Die Mandeln und die Vanille damit vermengen, dann die Eier nacheinander unterrühren. Zitronenschale und -saft, den Honig, den Maisgrieß, das Backpulver und das Salz unterheben.

Den Teig in die vorbereitete Backform geben und mit einem Konditormesser glatt streichen. Den Kuchen im heißen Ofen 45 Minuten backen, bis er in der Mitte auf Fingerdruck nicht mehr nachgibt.

Der Lavendelkuchen ist ein echter Genuss, einfach so oder nach Belieben bestäubt mit etwas Puderzucker. Auch etwas Sahnejoghurt oder Crème fraîche schmecken gut dazu.

Teekuchen mit Lavendel und Honig

Ich verwende sehr gerne Joghurt im Kuchenteig, denn ich finde, der Kuchen erhält dadurch einen besonders abgerundeten Geschmack und eine saftige Konsistenz. Und in diesem Rezept bildet der leicht säuerliche Joghurt einen schönen Kontrast zur blumigen Note des Lavendels. Ein schnell gebackener Kuchen für einen unbeschwerten Sommertag, ob für eine gediegene Teestunde oder für ein romantisches Stelldichein im Schatten eines Baumes. Unübertrefflich zu einer Tasse Earl Grey.

ERGIBT 10–12 STÜCKE
150 g weiche Butter
180 g feiner Rohrohrzucker
ausgeschabtes Mark von 1 Vanilleschote, ersatzweise 1 TL Vanilleextrakt
50 g Lavendel-Honig (ersatzweise normaler Honig)
3 große Eier
280 g griechischer Joghurt
300 g helles Dinkelmehl, gesiebt
2 TL Backpulver
½ TL gemahlener Zimt

FÜR DIE GLASUR
60 ml Zitronensaft
6 TL Honig
250 g Puderzucker aus Rohrohrzucker
2 TL gehackte, getrocknete und unbehandelte Lavendelblüten

Den Backofen auf 160 °C vorheizen. Eine Gugelhupfform mit 24 cm Durchmesser einfetten und mit Mehl bestäuben.

In einer Rührschüssel die Butter mit dem Zucker, der Vanille und dem Honig mit dem Handrührgerät schaumig aufschlagen. Die Eier einzeln dazugeben und jeweils gut unterrühren. Dann den Joghurt und zuletzt das Mehl mit dem Backpulver und dem Zimt unterziehen.

Den Teig in die vorbereitete Kuchenform geben und im heißen Ofen etwa 35 Minuten backen, bis bei der Garprobe kein Teig mehr haften bleibt. Den Kuchen vorsichtig aus der Form nehmen und auf einem Kuchengitter vollständig auskühlen lassen.

In der Zwischenzeit die Glasur zubereiten. Dazu in einer Schüssel den Zitronensaft mit dem Honig verrühren. Dann Puderzucker unterrühren, bis eine zähe, dickflüssige Glasur entstanden ist. Den Kuchen auf eine Tortenplatte legen und mit einem Löffel vorsichtig die Glasur darauf verteilen. Diese an den Seiten etwas herunterlaufen lassen. Zuletzt den Kuchen mit den Lavendelblüten bestreuen.

Feine Torte mit Sommerbeeren

Mit dieser Torte kann ich meinen Sohn immer wieder aufs Neue begeistern – sie ist sein unbestrittener Favorit. Ich habe das Rezept schon in verschiedenen Varianten ausprobiert, aber diese hat sich schließlich besonders bewährt. Er liebt die klassische Kombination aus weichem Biskuit, säuerlichen, aromatischen Sommerbeeren und Schlagsahne. Im Grunde passt jede Art von Sommerobst, ich habe mich in dieser Variante für Erdbeeren, Himbeeren, Heidelbeeren und Brombeeren entschieden.

Ergibt 8 Stücke
160 g helles Dinkelmehl, gesiebt
2 TL Backpulver
20 g Speisestärke
180 g weiche Butter
180 g Ahornsirup
ausgeschabtes Mark von 1 Vanilleschote, ersatzweise 1 TL Vanilleextrakt
3 große Eier
fein abgeriebene Schale von ½ Bio-Zitrone
2–3 EL Vollmilch
1 Prise Salz

Zum Garnieren
300 g Schlagsahne
2 EL heller Honig
300 g Sommerbeeren (Erdbeeren entstielen und vierteln oder in Scheiben schneiden)
Rosenblütenblätter (nach Belieben)

Den Backofen auf 180 °C vorheizen. Eine Springform (22 cm Durchmesser) einfetten und mit Mehl bestäuben.

In einer großen Rührschüssel die Butter mit dem Handrührgerät schaumig schlagen. 2–3 EL Mehl dazugeben, die Eier nacheinander unterrühren und alles zu einer feinen Schaummasse rühren. Das restliche Mehl mit dem Backpulver und der Speisestärke unter die Schaummasse ziehen. Dann den Ahornsirup, die Vanille, die Zitronenschale und das Salz unterziehen. Sollte der Teig zu fest sein, 2 oder 3 EL Milch unterrühren.

Den Teig in die vorbereitete Backform geben und mit einem Konditormesser glatt streichen. Den Kuchen im heißen Ofen 45 Minuten backen, bis er in der Mitte auf Fingerdruck nicht mehr nachgibt, dann 10 Minuten in der Form stehen lassen, auf ein Kuchengitter stürzen und auskühlen lassen.

Kurz vor dem Servieren den Kuchen mit der flachen Seite auf eine Platte legen und mit einem scharfen Messer plan schneiden. Die Sahne mit dem Honig nicht ganz steif schlagen und auf den Kuchen streichen. Dann die Beeren auf der Sahneschicht verteilen.

Besonders fein machen sich hier Rosenblütenblätter als Verzierung. Gönnen Sie sich diesen Kuchen in üppigen, großen Stücken.

Brombeertorte mit Rosengeranien

Die Inspiration zu dieser feinen Torte entspringt meinen Kindheitstagen in Neuseeland, die ich oft damit verbrachte, wilde Brombeeren zu pflücken.

Ergibt 8 Stücke
225 g weiche Butter
200 g helles Dinkelmehl, gesiebt
4 große Eier
ausgeschabtes Mark von 1 Vanilleschote, ersatzweise 1 TL Vanilleextrakt
225 g Ahornsirup
2 TL Backpulver
25 g Speisestärke
6 junge Rosengeranienblätter, flach gedrückt, plus einige Blätter und Blüten zum Garnieren
etwas Puderzucker aus Rohrohrzucker zum Bestäuben (nach Belieben)

Für den Sirup
4 Blätter von der Rosengeranie (*pelargonium graveolens),* gehackt
3 TL Rosenwasser
50 g heller Honig
Saft von ½ Zitrone

Für die Füllung
200 g Schlagsahne
ausgeschabtes Mark von 1 Vanilleschote, ersatzweise 1 TL Vanilleextrakt
2 EL Honig
250 g Brombeeren

Den Sirup am Vortag zubereiten. Dazu 3 gehackte Geranienblätter, das Rosenwasser, den Honig und den Zitronensaft aufkochen und bei schwacher Hitze auf 2–3 EL einkochen. Nach Belieben noch das 4. Geranienblatt hinzugeben. Den Sirup abkühlen, über Nacht ziehen lassen und abseihen.

Den Backofen auf 180 °C vorheizen. Eine Springform (20 cm Durchmesser) einfetten und mit Mehl bestäuben. In einer Rührschüssel die Butter mit dem Handrührgerät schaumig rühren, 2–3 EL von dem Mehl dazugeben und kurz unterrühren. Dann nacheinander die Eier dazugeben und das Ganze zu einer feinen Schaummasse rühren. Die Vanille und den Ahornsirup untermischen und das restliche Mehl, vermischt mit dem Backpulver und der Speisestärke, unter die Schaummasse ziehen. Die Rosengeranienblätter auf den Boden der vorbereiteten Kuchenform legen, den Teig einfüllen, glatt streichen und den Kuchen 50 Minuten backen, bis er in der Mitte auf Fingerdruck nicht mehr nachgibt. Aus dem Ofen nehmen und in der Form abkühlen lassen. Den Kuchen aus der Form auf einen Teller oder ein Brett stürzen, behutsam die Blätter von der Unterseite abziehen und wegwerfen.

Für die Füllung die Sahne halbsteif schlagen und die Vanille sowie den Honig behutsam unterziehen. Den Kuchen quer halbieren. Die Oberflächen beider Hälften mit einem Stäbchen mehrfach einstechen und mit dem Sirup beträufeln. Die untere Schicht auf eine Tortenplatte legen, mit der Sahne bestreichen und zwei Drittel der Brombeeren darauf verteilen. Die zweite Kuchenschicht darauflegen und leicht andrücken. Den Kuchen nach Belieben mit Puderzucker bestäuben und mit den Brombeeren und restlichen Blättern und Blüten garnieren.

Sommerlicher Nektarinen-Kuchen

Dieser Kuchen sorgt für Sommerstimmung pur in Ihrer Küche. Er eignet sich großartig für ein Picknick oder auch als Teekuchen, beispielsweise zu einem herrlich duftenden Zitronenverbenen-Tee. Am besten gelingt er im Hochsommer, wenn die Nektarinen am reifsten sind und geradezu flehentlich darum bitten, verspeist zu werden. Die Frucht steckt im Kuchen, so bleibt dieser schön saftig und wird von einer feinen Süße durchzogen. Mit Pfirsichen gelingt dieses Rezept ebenso gut.

Ergibt 10–12 Stücke
175 g weiche Butter
150 g helles Dinkelmehl, gesiebt
2 große Eier
2 TL Backpulver
170 g dunkler Honig
3 EL Vollmilch
100 g gemahlene Mandeln
400 g vollreife Nektarinen, entsteint und in 2 cm große Stücke geschnitten
Puderzucker aus Rohrohrzucker zum Bestäuben (nach Belieben)

Den Backofen auf 160 °C vorheizen. Eine Springform (24 cm Durchmesser) einfetten und mit Mehl bestäuben.

In einer großen Rührschüssel die Butter mit dem Handrührgerät schaumig schlagen. 2–3 EL Mehl dazugeben, die Eier nacheinander unterrühren und alles zu einer feinen Schaummasse schlagen. Das restliche Mehl mit dem Backpulver, dem Honig, der Milch und den gemahlenen Mandeln unter die Schaummasse ziehen. Die Nektarinenstücke vorsichtig unterheben.

Den Teig in die Backform geben, mit einem Konditormesser glatt streichen und im heißen Ofen 1–1 ¼ Stunde backen, bis der Kuchen in der Mitte auf Fingerdruck nicht mehr nachgibt.

Den Kuchen aus dem Ofen nehmen und mindestens 10 Minuten in der Form abkühlen lassen. Dann vorsichtig auf ein Kuchengitter stürzen, auskühlen lassen und mit Puderzucker bestäuben.

Würziger Pflaumen-Honig-Kuchen

Mit kleinen, dunkelroten Pflaumen, die so richtig süß und reif sind, gelingt dieser Kuchen ganz besonders gut. Die Pflaumensaison beginnt, wenn die Tage langsam wieder kürzer werden und man abends einen kühlen Lufthauch zu spüren beginnt. Ich liebe diese Wochen, in denen die Blätter sich goldbraun verfärben und taunasse Spinnennetze glitzernd die Waldwege säumen. Nun beginnt auch die Zeit, in der man Appetit auf Speisen bekommt, die für Wärme und Behaglichkeit sorgen, und in der man sich gerne seine Lieblingspullover wieder aus dem Schrank holt.

Ergibt 8–10 Stücke
180 g helles Dinkelmehl, gesiebt
2 TL Backpulver
130 g gemahlene Mandeln
½ TL gemahlener Zimt
½ TL gemahlener Kardamom
½ TL gemahlener Sternanis
5 große Eier, getrennt
240 g weiche Butter
210 g Honig
400 g Pflaumen, halbiert und entsteint
Puderzucker aus Rohrohrzucker zum Bestäuben (nach Belieben)

Den Backofen auf 180 °C vorheizen. Eine Springform (22 cm Durchmesser) einfetten und mit Mehl bestäuben.

In einer Schüssel das Mehl mit dem Backpulver und den Mandeln sowie Zimt, Kardamom und Sternanis vermischen. In einer Rührschüssel die Eigelbe mit der Butter und dem Honig mit dem Handrührgerät schaumig schlagen und die Mehlmischung vorsichtig unterziehen.

In einer sauberen und fettfreien Rührschüssel das Eiweiß zu steifem Eischnee schlagen und jeweils ein Drittel davon nacheinander gründlich unter den Teig ziehen.

Den Teig in die vorbereitete Form geben und mit einem Konditormesser glatt streichen. Die Pflaumen mit der Schnittseite nach unten auf den Teig legen und den Kuchen im heißen Ofen etwa 45 Minuten backen, bis bei der Garprobe kein Teig mehr haften bleibt. Den Kuchen aus dem Ofen nehmen und 10 Minuten in der Form abkühlen lassen. Dann herausnehmen und auf einem Kuchengitter abkühlen lassen. Nach Belieben mit Puderzucker bestäuben.

Wird der Kuchen zur Kaffee- oder Teezeit gereicht, braucht man nichts weiter dazu. Wird er aber als Nachtisch serviert, dann macht sich etwas mit Honig gesüßte Schlagsahne oder ein Klecks Sahnejoghurt als Garnitur sehr gut.

Maronikuchen mit dunklen Beeren

Edelkastanien oder Maroni waren in vielen Bergregionen Italiens früher fester Bestandteil des Speiseplans. Denn bedingt durch die Höhenlage konnte oft kein Weizen angebaut werden. Die wundervoll süßlichen Maroni dagegen gediehen in diesen Regionen üppig, also wurden die Früchte des Kastanienbaums getrocknet und zu Mehl vermahlen. Dieses feine Mehl harmoniert hervorragend mit wilden Beeren, deshalb habe ich es hier mit Brombeeren und Heidelbeeren kombiniert.

Ergibt 8–10 Stücke
4 große Eier
4 EL Kastanienmehl
150 g Butter, zerlassen
180 g Honig, geschmolzen oder flüssig, plus etwas zusätzlich zum Bestreichen
1 Prise Salz
150 g Heidelbeeren
150 g Brombeeren
Puderzucker aus Rohrohrzucker zum Bestäuben (nach Belieben)

Den Backofen auf 160 °C vorheizen. Eine Springform (20 cm Durchmesser) einfetten und mit Mehl bestäuben.

In einer großen Rührschüssel die Eier mit dem Mehl, der Butter, dem Honig und dem Salz mit dem Handrührgerät verrühren. Das ergibt einen sehr flüssige Kuchenteig, aber das hat seine Richtigkeit. Den Teig in die vorbereitete Kuchenform gießen und im heißen Ofen 30 Minuten backen. Am Ende der Backzeit kurz in der Form abkühlen lassen, dann auf ein Kuchengitter stürzen. Wenn der Kuchen vollständig abgekühlt ist, die Oberseite mit etwas Honig bepinseln und die Beeren darauf verteilen. Nach Belieben einen Klecks Crème fraîche dazu reichen.

Ein Wort zu Eiern

Wir können unserer Gesundheit etwas Gutes tun, indem wir reichlich Eier essen. Dabei sollten wir aber stets Produkten aus Bio- oder Freilandhaltung den Vorzug geben. Denn im Gegensatz zu Eiern aus den mittlerweile in der EU zum Glück verbotenen, wenn auch immer noch nicht völlig abgeschafften Legebatterien enthalten gesunde Eier Omega-3-, Omega-6- und Omega-9-Fettsäuren in nahezu gleichem Verhältnis. Gesunde Eier fördern das Wachstum gesunder Haare und gesunder Nägel, noch dazu zählen sie zu den wenigen Lebensmitteln, die natürliches Vitamin D enthalten. Studien haben belegt, dass bei Frauen, die mindestens sechs Eier pro Woche essen, das Risiko, an Brustkrebs zu erkranken, um 44 Prozent sinkt. Darüber hinaus ist Eigelb besonders reich an natürlichem Cholin, einem früher als Vitamin B_4 bezeichneten Nährstoff, der sich positiv auf das Gehirn, das Nervensystem und den Blutkreislauf auswirkt.
Neuere Forschungen deuten darauf hin, dass entgegen früheren Annahmen der Verzehr von Eiern keinen negativen Effekt auf den Cholesterinspiegel hat. Tatsächlich haben jüngste Studien belegt, dass zwei Eier pro Tag keine Auswirkung auf die Blutfettwerte haben und diese im Gegenteil sogar verbessern können. Kurzum, Eier von glücklichen Hühnern, die im Freien picken und scharren können und biologisch gefüttert werden, enthalten viele der Vitamine, Mineralien und Fette, die wir für unsere Gesundheit benötigen.

Apfel-Roggen-Kuchen

Es mag seltsam klingen, Olivenöl in einem Kuchen zu verwenden, aber Sie werden überrascht sein, wie gut das Resultat schmeckt. Allerdings sollten Sie nur hochwertiges Olivenöl verwenden, denn die Subtilität und Fülle des Geschmacks kommen bei dem fertigen Kuchen deutlich zur Geltung. Dieser Kuchen hält sich sehr gut und wird, wenn er etwas durchziehen kann, eher noch besser. In Frischhaltefolie verpackt oder in einem luftdichten Behälter hält er sich im Kühlschrank bis zu drei Tage.

Ergibt 6–8 Stücke
90 g getrocknete Heidelbeeren (alternativ Sultaninen)
200 g Vollkorn-Dinkelmehl, gesiebt
100 g Roggenmehl, gesiebt
2 TL Backpulver
1 große Prise gemahlener Zimt
1 Prise Salz
1 ½ TL Speisenatron
120 ml natives Olivenöl extra
160 g Ahornsirup
3 große Eier, getrennt
ausgeschabtes Mark von 1 Vanilleschote, ersatzweise 1 TL Vanilleextrakt
3 Kochäpfel, geschält, Kerngehäuse entfernt und in 2 cm große Würfel geschnitten
abgeriebene Schale von 1 Bio-Zitrone

Für die Füllung
300 g Mascarpone
90 g Ahornsirup

Den Backofen auf 170 °C vorheizen. Eine Springform (20 cm Durchmesser) einfetten und mit Backpapier auslegen. Die getrockneten Heidelbeeren in einen kleinen Stieltopf geben, mit 300 ml Wasser bedecken, aufkochen lassen und bei schwacher Hitze 5 Minuten köcheln lassen, dann abgießen und beiseitestellen.

Die beiden Mehlsorten in einer Schüssel mit dem Backpulver, dem Zimt, dem Salz und dem Natron gut vermischen. In einer großen Rührschüssel das Olivenöl, den Ahornsirup, die Eigelbe und die Vanille mit einem Handrührgerät etwa 5 Minuten lang rühren, bis die Masse glatt und dickflüssig ist. Die Apfelstücke, die Heidelbeeren (oder Sultaninen) und die Zitronenschale unterrühren, dann vorsichtig die Mehlmischung unterziehen.

In einer trockenen, sauberen Schüssel das Eiweiß zu steifem Eischnee schlagen und vorsichtig portionsweise unter den Teig ziehen. Den Teig in die vorbereitete Backform geben und im heißen Ofen 1 Stunde backen, bis der Kuchen in der Mitte auf Fingerdruck nicht mehr nachgibt. Am Ende der Backzeit den Kuchen aus dem Ofen nehmen und in der Form erkalten lassen, dann herausnehmen und vorsichtig quer halbieren.

Für die Füllung den Mascarpone und den Ahornsirup gründlich miteinander verrühren. Die Masse mit einem Konditormesser auf die untere Kuchenschicht streichen und die zweite Schicht darüberlegen.

Apfel-Polenta-Kuchen

Maisgrieß eignet sich hervorragend zum Backen – die Konsistenz eines solchen Kuchens wird herrlich nussig, knusprig und doch saftig. Die Äpfel werden karamellisiert. Dadurch kommt ihr feines Aroma noch stärker zum Tragen. In Verbindung mit der goldgelben Polenta und dem Honig ergibt dies eine unwiderstehliche Kombination.

Ergibt 8–10 Stücke
130 g gemahlene Mandeln
150 g helles Dinkelmehl, gesiebt
150 g Polenta (Maisgrieß)
1 TL Backpulver, 1 Prise Salz
fein abgeriebene Schale von 1 Bio-Zitrone
200 g Honig
100 g griechischer Joghurt, plus etwas extra zum Anrichten
4 große Eier
180 ml natives Olivenöl extra

Für die Füllung
70 g Butter, 40 g Honig
600 g Apfel, geschält, vom Kerngehäuse befreit und in 2 cm große Würfel geschnitten

Den Backofen auf 170 °C vorheizen. Eine Springform (26 cm Durchmesser) einfetten und mit Mehl bestäuben. Für die karamellisierten Äpfel in einem Topf die Butter mit dem Honig zerlassen und kurz kochen lassen, bis die Masse leicht karamellisiert. Dann die Temperatur reduzieren, die vorbereiteten Äpfel in den Topf geben und weitere 2 Minuten köcheln. Dabei mit einem Holzlöffel umrühren, damit alle Stücke gleichmäßig goldgelb werden. Vom Herd nehmen und beiseitestellen.

Mandeln, Mehl, Polenta, Backpulver und Salz in einer großen Schüssel vermischen. In einer zweiten Schüssel Zitronenschale, Honig, Joghurt, Eier und Olivenöl mit dem Handrührgerät gründlich verrühren. Das Ganze unter die Mehl-Polenta-Mischung ziehen und die Äpfel unterrühren.

Den Teig in die vorbereitete Form geben, mit einem Konditormesser glatt streichen und im heißen Ofen etwa 45 Minuten backen, bis bei der Garprobe kein Teig mehr haften bleibt. Den Kuchen aus dem Ofen nehmen und in der Form abkühlen lassen. Dazu schmeckt ein Klecks griechischer Joghurt.

Ein Wort zu Olivenöl

Das heute als »natives Olivenöl extra« bezeichnete hochwertigste Olivenöl ist ein reines Naturprodukt mit einer jahrtausendealten Tradition. Ob aus erster Kaltpressung oder aus Kaltextraktion, natives Olivenöl hat einen hohen Anteil an einfach ungesättigten Fettsäuren und gilt als wertvoller Lieferant essenzieller Fettsäuren. Olivenöl senkt den Wert des schlechten Cholesterins, enthält Vitamine und Nährstoffe, die vor Herzkrankheiten und Gallensteinen schützen, es fördert eine gesunde Verdauung und hält die Fettsäuren im Körper im Gleichgewicht. Bei Kindern sind hochwertige Fette sehr wichtig für die Entwicklung des Gehirns. Natives Olivenöl wirkt sich außerdem stärkend auf das Immunsystem aus. Alles in allem ist es also auch im Kuchen eine gesunde Sache!

Birnen-Pflaumen-Kuchen mit Ingwer

Eine himmlische Kombination: Die Aromen sind fruchtig und würzig, die Textur unübertrefflich – außen eine knusprige Kruste und darin verborgen süße, saftige Fruchtstücke. In meinen Augen ist dies der perfekte Kuchen zu einer morgendlichen Tasse Kaffee oder an einem kalten Winterabend als warmes Dessert mit einem Löffel Crème fraîche oder Mascarpone. Und zu alledem hält er sich auch sehr gut.

Ergibt 8–10 Stücke
120 g helles Dinkelmehl oder Vollkorn-Dinkelmehl, gesiebt
100 g gemahlene Mandeln
1 ½ TL Backpulver
1 TL gemahlener Ingwer
½ TL gemahlener Zimt
3 große Eier, getrennt
150 g weiche Butter
150 g Ahornsirup
100 g Trockenpflaumen, ohne Kern
300 g Birnen, geschält, Kerngehäuse entfernt und längs in feine Scheiben geschnitten
3 Stücke Ingwer in Sirup, in Scheiben geschnitten

Den Backofen auf 180 °C vorheizen. Eine Springform (22 cm Durchmesser) fetten und mit Backpapier auslegen. Das Dinkelmehl in einer Schüssel mit Mandeln, Backpulver, Ingwer und Zimt vermischen.

In einer Rührschüssel die Eigelbe mit der Butter und dem Ahornsirup mit dem Handrührgerät zu einer feinen Schaummasse rühren. Erst die Mehlmischung, dann die Pflaumen unterheben. In einer zweiten absolut fettfreien Rührschüssel das Eiweiß zu steifem Eischnee schlagen und portionsweise unter den Teig ziehen.

Die Birnen- und Ingwerscheiben auf dem Boden der vorbereiteten Kuchenform verteilen. Dann den Teig mit dem Löffel darüber verteilen und mit einem Konditormesser glatt streichen. Den Kuchen im heißen Ofen etwa 45 Minuten backen, bis bei der Garprobe kein Teig mehr haften bleibt, dann aus dem Ofen nehmen und 10–15 Minuten in der Form abkühlen lassen.

Den erkalteten Kuchen mit einem Messer von der Form lösen und den Rand der Form entfernen. Den Kuchen mithilfe eines Kuchengitters oder einer Kuchenplatte sehr vorsichtig umdrehen und den Boden der Form sowie das Backpapier abnehmen. Den Kuchen mit der Unterseite nach oben auf einer Kuchenplatte anrichten, sodass die Birnen und der Ingwer gut zur Geltung kommen.

Den Kuchen warm mit Crème fraîche oder Vanille-Mascarpone-Creme (siehe Seite 174) anrichten.

Birnen-Zimt-Kuchen mit Brombeeren

Die Idee zu diesem Rezept kam mir, als mein Sohn mich um einem Kuchen bat, »den Kinder gerne mögen«. Da ich ziemlich hartnäckig danach strebe, beim Backen irgendwie Obst unterzubringen, habe ich in eine klassische Biskuitmasse eine Birne gerieben, etwas Zimt dazugegeben, und dies ist das Ergebnis. Außerdem kommen Brombeeren zum Einsatz, die wirklich bestens zur Birne und zu den Gewürzen passen. Aber natürlich eignen sich auch andere Beeren. Das alles ergibt einen leckeren Kuchen mit feiner Kruste, der sich hervorragend als Picknickkuchen oder leichtes Kuchendessert eignet und am besten warm serviert werden sollte, zumindest aber noch am selben Tag.

Ergibt 8–10 Stücke
200 g weiche Butter
200 g helles Dinkelmehl, gesiebt
3 große Eier
1 TL Backpulver
1 TL gemahlener Zimt
200 g Ahornsirup
ausgeschabtes Mark von 1 Vanilleschote, ersatzweise 1 TL Vanilleextrakt
1 Birne (ich verwende gerne die Sorte Conference), geschält, Kerngehäuse entfernt und fein gerieben
Puderzucker aus Rohrohrzucker zum Bestäuben (nach Belieben)

Für die marmorierte Beerencreme
200 g Brombeeren (oder andere dunkle Beeren)
300 g Schlagsahne oder griechischer Joghurt
2 EL Ahornsirup

Den Backofen auf 180 °C vorheizen. Eine Springform (24 cm Durchmesser) einfetten und mit Mehl bestäuben.

In einer großen Rührschüssel die Butter mit dem Handrührgerät schaumig schlagen. 2–3 EL von dem Mehl dazugeben, die Eier einzeln nacheinander unterrühren und das Ganze schaumig rühren. Das restliche Mehl mit dem Backpulver und dem Zimt unter die Schaummasse ziehen. Dann den Ahornsirup, die Vanille und die Birne zugeben und leicht unterheben, bis alles gut vermengt ist.

Den Teig in die vorbereitete Kuchenform streichen, mit einem Konditormesser glatt streichen und im heißen Ofen 40–50 Minuten backen, bis bei der Garprobe kein Teig mehr haften bleibt. Aus dem Ofen nehmen und 10 Minuten in der Form abkühlen lassen. Dann auf ein Kuchengitter stürzen und auskühlen lassen.

Inzwischen die marmorierte Beerencreme zubereiten. Die Beeren über einer mittelgroßen Schüssel in ein feines Sieb geben und mit einem Holzquirl durch das Sieb streichen. Das dauert einige Zeit, ist aber besser als ein Passierstab. Die Kerne wegwerfen. Wenn Sahne verwendet wird, diese in einer Schüssel gerade halbsteif schlagen. Sie soll nicht zu fest werden. Das Beerenpüree und den Ahornsirup dazugeben und vorsichtig so unterziehen, dass sich ein Marmoreffekt ergibt. Wird griechischer Joghurt verwendet, einfach das Beerenpüree und den Ahornsirup unter den Joghurt rühren. Sahne oder Joghurt zum Kuchen reichen.

Karamellisierter Birnen-Buchweizen-Kuchen

Wenn der Herbst kommt und die Tage immer kürzer und kühler werden, dann tut es so gut, die Küche mit dem wärmenden Duft von Kuchen und Gewürzen zu füllen. Das Aroma karamellisierter Birnen ist die perfekte Ergänzung für diesen Kuchen, der geprägt ist durch die nussige Note von Buchweizenmehl. Zu alledem ist er unkompliziert, macht aber optisch einiges her.

Ergibt 8–10 Stücke
150 g weiche Butter
75 g Buchweizenmehl, gesiebt
2 große Eier
75 g fein gemahlene Mandeln
1 kräftige Prise gemahlener Zimt
125 g Ahornsirup

Für die karamellisierten Birnen
2 Birnen (möglichst Conference)
2 Kardamomkapseln (nach Belieben)
25 g Butter
2 EL Ahornsirup

Den Backofen auf 170 °C vorheizen. Eine Springform (22 cm Durchmesser) einfetten und mit Mehl bestäuben.

Für die karamellisierten Birnen die Früchte schälen, vierteln und das Kerngehäuse entfernen. Die Samen der Kardamomkapseln im Mörser zerstoßen. Butter, Ahornsirup und Kardamom in einer Pfanne erhitzen. Sobald die Mischung zu schmelzen und zu brutzeln beginnt, die geviertelten Birnen mit der Schnittfläche nach unten sternförmig in der Pfanne verteilen, die dünneren Enden zur Mitte. So garen die Birnen gleichmäßig und behalten ihre Form. Die Birnen auf jeder Seite 5–6 Minuten garen und beiseite stellen.

In einer großen Rührschüssel die Butter mit dem Handrührgerät schaumig schlagen. 2–3 EL Mehl dazugeben und die Eier einzeln nacheinander unterrühren. Das Ganze zu einer feinen Schaummasse rühren, dann das restliche Mehl sowie die gemahlenen Mandeln, den Zimt und den Ahornsirup einrühren.

Den Teig in die vorbereitete Form geben und mit einem Konditormesser glatt streichen. Die Birnen vorsichtig mit der Schnittseite nach unten kreisförmig auf dem Teig verteilen und den verbliebenen Saft aus der Pfanne darüberträufeln. Den Kuchen im heißen Ofen etwa 50 Minuten backen, bis bei der Garprobe kein Teig mehr haften bleibt. Am Ende der Backzeit den Kuchen aus dem Ofen nehmen und in der Form 10 Minuten abkühlen lassen, dann auf ein Kuchengitter geben und erkalten lassen.

Mit etwas halbsteif geschlagener Sahne oder einem Löffel Crème fraîche ist dieser Kuchen ein herrlicher Nachtisch. Weil er nicht zu süß ist, schmeckt er aber auch als kleine Zwischenmahlzeit zu jeder Tageszeit.

Würziger Möhrenkuchen mit Knusperkruste

Stellen Sie sich einen Möhrenkuchen vor, durchzogen von einer zarten Würznote. Er ist mit seiner wunderbar knusprigen Kruste, die den rustikalen Charme hervorhebt, ideal zum zweiten Frühstück. In der Kruste habe ich auch Hanf- und Leinsamen verwendet. Diese sorgen nicht nur für ein gutes Aroma und schöne Konsistenz, sondern enthalten zudem essentielle Aminosäuren, Ballaststoffe, Proteine, Vitamin E und Spurenelemente.

Ergibt 8–10 Stücke
225 g helles Dinkelmehl oder Vollkorn-Dinkelmehl, gesiebt
30 g Haferkleie
1 TL gemahlener Piment
½ TL gemahlener Zimt
1 große Prise Salz
1 TL Backpulver
½ TL Speisenatron
180 g Möhren, grob gerieben
225 g flüssiger Honig
60 g Butter, zerlassen und leicht abgekühlt
225 g griechischer Joghurt
1 großes Ei
40 g Walnusskerne
40 g Sultaninen

Für die Kruste
45 g helles Dinkelmehl, gesiebt
1 EL feiner Rohrohrzucker
3 EL kalte Butter, gewürfelt
1 Prise Salz
2 EL geschälte Hanfsamen
1 EL fein gemahlene Leinsamen

Den Backofen auf 180 °C vorheizen. Eine Springform (22 cm Durchmesser) einfetten und mit Mehl bestäuben. Das Mehl und die Kleie mit den Gewürzen und den Triebmitteln mischen. Die geriebenen Möhren untermischen. In einer Rührschüssel den Honig, die Butter, den Joghurt und das Ei mit dem Handrührgerät gründlich verrühren und die Masse vorsichtig unter die Mehlmischung ziehen. Alles in die vorbereitete Form geben und mit einem Konditormesser glatt streichen.

Für die Knusperkruste das Mehl und den Zucker in eine mittelgroße Schüssel geben. Die kalte Butter dazugeben und alles grob zerkrümeln, bis die Mischung an Semmelbrösel erinnert. Dann das Salz und die Hanf- und Leinsamen einarbeiten und diese Mischung über dem Kuchen verteilen und dabei leicht andrücken. Den Kuchen im heißen Ofen 35–40 Minuten backen, bis er auf der Oberfläche goldgelb ist und nussig duftet.

Den Kuchen am Ende der Backzeit aus dem Ofen nehmen und in der Form 10 Minuten abkühlen lassen. Dann auf ein Kuchengitter stürzen und auskühlen lassen.

Zucchini-Apfel-Kuchen

Meine Leidenschaft für Zucchini habe ich zum einen meiner Großmutter zu verdanken, die oft Zucchini-Kuchen für mich backte, als ich klein war, und zum anderen natürlich meiner Mutter, in deren Garten die herrlichsten Zucchini gediehen. Als Kind streunte ich jeden Tag in ihrem Garten herum. Ein Beet hatte es mir dabei besonders angetan, nämlich das der zahlreichen Zucchini-Arten. Ich war immer wieder begeistert, welch zauberhafte Blüten die Pflanzen hervorbrachten und wie rasch sie wuchsen. Mir kam es stets so vor, als hätte ich alle Zucchini geerntet, die ich finden konnte, nur um dann am nächsten Tag wieder unzählige neue zu finden – darunter auch den einen oder anderen Zucchino, den ich übersehen hatte, und der nun gigantisch groß geworden war. Dieser Kuchen ist daher für mich immer eine köstliche Erinnerung an meine Kindheit.

Ergibt 8–10 Stücke
200 g Zucchini
50 g Tafeläpfel, geschält, das Kerngehäuse entfernt
2 große Eier, getrennt
125 ml natives Olivenöl extra oder Hanföl
225 g Vollkorn-Dinkelmehl, gesiebt
2 TL Backpulver
½ TL Speisenatron
150 g Ahornsirup
1 Prise Salz

Für den Belag
200 g Doppelrahmkäse
100 g Ahornsirup
abgeriebene Schale und 1 TL Saft von 1 Bio-Zitrone
3 EL grob gehackte Pistazienkerne

Den Backofen auf 180 °C vorheizen. Eine Springform (23 cm Durchmesser) einfetten und mit Mehl bestäuben. Die Zucchini und die Äpfel reiben, in ein sauberes Küchentuch geben und die überschüssige Flüssigkeit herausdrücken.

In einer großen Rührschüssel die Eigelbe und das Öl in etwa 4 Minuten mit dem Handrührgerät zu einer glatten, cremigen Masse verrühren. Mehl, Backpulver und Speisenatron dazugeben und zuletzt den Ahornsirup und die geriebenen Äpfel und Zucchini unterrühren. Alles gründlich vermengen.

In einer zweiten Rührschüssel das Eiweiß mit einer Prise Salz zu steifem Eischnee schlagen und diesen portionsweise unter den Teig ziehen. Den Teig in die vorbereitete Backform geben, mit einem Konditormesser glatt streichen und im heißen Ofen 30–40 Minuten backen, bis der Kuchen in der Mitte auf Fingerdruck nicht mehr nachgibt. Aus dem Ofen nehmen und in der Form 10 Minuten abkühlen lassen. Dann auf ein Kuchengitter stürzen und auskühlen lassen.

Für den Belag den Frischkäse und den Ahornsirup mit dem Handrührgerät verrühren. Die abgeriebene Zitronenschale und den Zitronensaft unterrühren und die Mischung mithilfe eines Konditormessers auf dem abgekühlten Kuchen verteilen. Zum Schluss mit den Pistazienkernen bestreuen.

Basisrezept für Kuchen aus Nussmehl

Nussmehl ist nicht mit gemahlenen Nüssen zu verwechseln. Man gewinnt es durch das Vermahlen des Presskuchens, der bei der Ölherstellung anfällt. Zum Backen ist es bestens geeignet. Hier verrate ich Ihnen mein Basisrezept für Kuchen aus Nussmehl, das dann endlos variiert werden kann, etwa mit Früchten der Saison, entweder im Teig verarbeitet oder dazu gereicht. Von Bananen über Beeren zu Äpfeln und Zitrusfrüchten passt alles dazu, sogar Kakis machen sich gut. Auch die Sorte des Nussmehls kann nach Belieben variiert werden. Wichtig ist nur, dass es sehr fein gemahlen ist. Gut sind beispielsweise Walnuss- und Mandelmehl, mal einzeln, mal gemischt, oder Kokosmehl, und auch Kastanienmehl kann ausgezeichnet verwendet werden.

Ergibt 8 Stücke
4 große Eier
4 EL Nussmehl
150 g Butter, zerlassen
180 g Honig, geschmolzen, oder flüssiger Honig
1 Prise Salz

Den Backofen auf 160 °C vorheizen. Eine Springform (20 cm Durchmesser) einfetten und mit Mehl bestäuben. Alle Zutaten in eine große Rührschüssel geben und mit dem Handrührgerät gründlich verrühren. Den Teig in die vorbereitete Kuchenform geben und im heißen Ofen etwa 30 Minuten backen. Aus dem Ofen nehmen und in der Form 10 Minuten abkühlen lassen. Dann auf ein Kuchengitter stürzen und auskühlen lassen.

Variationen

Man kann den Kuchen einfach so servieren, besonders gut aber schmeckt er bestäubt mit etwas Kakaopulver oder serviert mit vollreifen Früchten der Saison. Und hier einige Vorschläge zum Variieren des Teigs:

Geben Sie zum Teig 3 mittelgroße, zerdrückte Bananen, 1 große Prise gemahlenen Zimt und das ausgeschabte Mark einer Vanilleschote. Bananen passen sehr gut zu Kokos- oder Walnussmehl.

Verfeinern Sie das Grundrezept mit Äpfeln. Den Boden einer Kuchenform großzügig mit Butter fetten und mit 2 EL Rapadura oder Demerara-Zucker bestreuen. Einen kleinen Apfel schälen, vom Kerngehäuse befreien, in Scheiben schneiden auf dem Boden der Form verteilen. So sind sie nach dem Stürzen des Kuchens auf der Oberfläche. Dann 2 weitere Äpfel schälen, vom Kerngehäuse befreien, in 2 cm große Würfel schneiden und vor dem Einfüllen in die Form zum Teig geben.

Zu einem Teig aus Kastanienmehl kann man wunderbar eine Prise gehackten Rosmarin und ein paar Pinienkerne geben.

Mandelmehl passt hervorragend zu saftigen, nachgereiften Kakifrüchten. Einfach 120 g davon zum Teig geben.

Schoko-Rote-Bete-Kuchen ohne Mehl

Bitte keine voreiligen Schlüsse! Dieser Kuchen ist unglaublich lecker und schmeckt keineswegs nach Roter Bete! Denken Sie einfach an Möhrenkuchen – da schmecken Sie auch nicht gleich die Möhren durch. Sie sorgen schlicht und einfach im Kuchen für ein gewisses Extra an Konsistenz und Aroma, verfeinern ihn, ohne dominant zu sein. Die Rote Bete in diesem Rezept gibt dem Ganzen eine gewisse Tiefe und Bodenständigkeit, die einem schlichten Schokoladenkuchen aus Nussmehl fehlen würde.

Ergibt 8–10 Stücke
300 g gegarte, ungewürzte Rote Bete, geschält und püriert
4 große Eier
4 EL Honig
ausgeschabtes Mark von 1 Vanilleschote, ersatzweise 1 TL Vanilleextrakt
1 EL Kakaopulver, plus etwas zum Bestäuben
1 TL Weinstein-Backpulver (wenn der Kuchen glutenfrei sein soll)
1 Prise Salz
125 g gemahlene Mandeln
125 g Bitterschokolade (70 % Kakaoanteil), in kleine Stücke gebrochen
4 EL natives Olivenöl extra

Den Backofen auf 180 °C vorheizen. Eine Springform (22 cm Durchmesser) fetten und mit Backpapier auslegen.

In einer großen Rührschüssel die pürierte Rote Bete, die Eier, den Honig, die Vanille, das Kakaopulver, das Backpulver und das Salz mit dem Handrührgerät gründlich vermengen. Dann die gemahlenen Mandeln unterziehen.

Die Schokolade im Wasserbad bei mäßiger Temperatur schmelzen lassen. Dann das Öl unterrühren. Die Schokoladen-Öl-Mischung zum Teig geben und alles gut verrühren.

Den Teig in die vorbereitete Kuchenform geben und im heißen Ofen 35–40 Minuten backen, bis bei der Garprobe kein Teig mehr haften bleibt. Am Ende der Backzeit den Kuchen aus dem Ofen nehmen und in der Form vollständig abkühlen lassen.

Den Kuchen vor dem Servieren mit dem restlichen Kakaopulver bestäuben und nach Belieben etwas Crème fraîche dazu reichen.

Schokoladen-Maroni-Kuchen

Einfach perfekt für einen kalten Wintertag ist dieser traditionelle italienische Kuchen. Da bekomme ich immer Lust auf den Duft brennenden Holzes im Kamin und eine gemütliche Ecke zum Genießen. Er hat einen festen Platz in den Top Ten meiner Lieblingskuchen und ist noch dazu schnell gemacht. Zudem enthält er kein Mehl und ist daher ein glutenfreier Genuss.

Ergibt 10–12 Stücke
5 große Eier, getrennt
200 g Honig
100 g weiche Butter
500 g ungesüßtes Kastanienpüree
100 g gemahlene Walnusskerne (oder Haselnusskerne)
abgeriebene Schale von 1 Bio-Zitrone
100 g Bitterschokolade (70 % Kakaoanteil), gerieben oder grob gehackt

Den Backofen auf 180 °C vorheizen. Eine Springform (26 cm Durchmesser) einfetten und mit Mehl bestäuben. Die Eigelbe und den Honig in einer großen Rührschüssel zu einer dickflüssigen, glatten Masse verrühren. Die Butter, das Kastanienpüree, die gemahlenen Walnusskerne, die Zitronenschale und die Schokolade dazugeben und alles gründlich vermengen.

In einer zweiten Rührschüssel das Eiweiß zu steifem Eischnee schlagen und diesen vorsichtig unter den Teig ziehen. Den Teig in die vorbereitete Kuchenform gießen und im heißen Ofen 50 Minuten bis 1 Stunde backen.

Am Ende der Backzeit den Kuchen aus dem Ofen nehmen, in der Form abkühlen lassen und auf eine Kuchenplatte stürzen. Kalt servieren und etwas Sauerrahm oder Crème fraîche dazu reichen. Ich mag auch gerne Kirschkompott dazu (siehe Seite 188).

Ein Wort zum Honig

Naturbelassener Honig, gerne auch als »flüssiges Gold« bezeichnet, wird weder gefiltert noch erhitzt, wie es in der konventionellen Honigproduktion oft üblich ist. Beim naturbelassenen Honig bleiben daher wertvolle Inhaltsstoffe wie Enzyme, Nährstoffe und Antioxidantien erhalten. Hochwertiger Honig ist das Multivitaminpräparat der Natur: Er enthält die Vitamine B1, B2, B3, B5, B6 und sogar das an Antioxidantien reiche Vitamin C. Außerdem enthält er Mineralien wie Magnesium, Kalium, Kalzium, Natrium, Chlor, Schwefel und Phosphate. Honig ist wirksam gegen Bakterien, Viren und Pilze, wirkt alkalisch und stärkt das Immunsystem. Der allerbeste Honig ist der aus einem eigenen Bienenstock im eigenen Hof, selbstgeschleudert und nicht erhitzt. Vielerorts findet man inzwischen Hobby- oder professionelle Imker, die bereit sind, auf dem Anwesen von an der Imkerei Interessierten einen Bienenstock aufzustellen, gemeinsam mit ihnen die nötigen Arbeiten durchzuführen und den Honig dann zu teilen. Wird dann der Honig durch ein feinporiges Seihtuch aus dem Wachs gedrückt und tropft langsam in ein Glas, dann erlebt man all seine feinen Aromen aus erster Hand. Hochwertiger Honig ist in den meisten guten Lebensmittelläden erhältlich. Darüber hinaus sind auch Bauernmärkte oft eine wahre Fundgrube für Liebhaber feiner Honige. Es versteht sich von selbst, dass ein so hochwertiges Naturprodukt auch seinen Preis hat.

Passionsfrucht-Limettensirup-Kuchen

Der Garten meiner Mutter war für mich als Kind mein liebster Spielplatz. Hatte ich Hunger, war er meine Speisekammer, fühlte ich mich alleine, tröstete er mich, und war ich glücklich, dann war er meine größte Freude. Jetzt, als Erwachsene, ist er meine Inspiration. Ich weiß noch, wie sehr mich die Passionsblumen faszinierten, die am Haus hochrankten. Es waren die unglaublichsten Blüten, die ich je gesehen habe. Meine Mutter hatte mehrere Sorten von Passionsfrüchten im Garten, aber am beeindruckendsten fand ich die kleinen, runden, vor Aroma strotzenden Früchte der Purpurgranadilla.

Ergibt 10–12 Stücke
160 g weiche Butter
300 g helles Dinkelmehl, gesiebt
3 große Eier
ausgeschabtes Mark von 1 Vanilleschote, ersatzweise 1 TL Vanilleextrakt
250 g Honig
270 g griechischer Joghurt
2 TL Backpulver

Für den Sirup
150 ml Fruchtfleisch aus der Passionsfrucht
Saft von 2 Bio-Limetten
100 g Honig

Für den Limettenjoghurt (nach Belieben)
300 g griechischer Joghurt
2 TL fein abgeriebene Schale von 1 Bio-Limette
2 EL Honig

Den Backofen auf 160 °C vorheizen. Eine Springform (25 cm Durchmesser) einfetten und mit Mehl bestäuben. Für den Sirup alle Zutaten mit 50 ml Wasser in einen kleinen Topf geben und unter Rühren aufkochen lassen, dann bei schwacher Hitze 5 Minuten köcheln lassen und beiseitestellen.

In einer großen Rührschüssel die Butter mit dem Handrührgerät schaumig rühren. 2–3 EL von dem Mehl dazugeben und die Eier einzeln nacheinander unterrühren. Das Ganze zu einer feinen Schaummasse rühren. Die Vanille, den Honig und den Joghurt dazugeben und mit einem Holzlöffel alles gut verrühren. Zum Schluss das restliche Mehl mit dem Backpulver vermischen und unter die Schaummasse ziehen.

Den Teig in die vorbereitete Kuchenform geben, mit einem Konditormesser glatt streichen und im heißen Ofen 35–40 Minuten backen, bis bei der Garprobe kein Teig mehr haften bleibt.

Inzwischen nach Belieben den Limettenjoghurt zubereiten. Dazu alle Zutaten in eine Schüssel geben und so lange rühren, bis sich der Honig ausfgelöst hat.

Am Ende der Backzeit den Kuchen aus dem Ofen nehmen, die Oberfläche mit einem Stäbchen mehrfach einstechen und langsam und gleichmäßig mit dem Sirup begießen. Den Kuchen in der Form auskühlen lassen. Nach Belieben mit dem Limettenjoghurt anrichten.

Kokoskuchen mit Joghurt und Limettensirup

Dieser absolut unkomplizierte Kuchen schmeckt eigentlich schon für sich genommen sehr lecker, aber ich esse ihn besonders gerne in Kombination mit sahnigem griechischen Joghurt und Limettensirup – dieses Plus an Aroma und Textur rundet das Ganze wunderbar ab. Ein Kuchengenuss rund um das Jahr.

Ergibt 8–10 Stücke
175 g helles Dinkelmehl, gesiebt
120 g ungesüßte Kokosraspel
2 TL Backpulver
100 g Honig
200 ml Kokosmilch
ausgeschabtes Mark von 1 Vanilleschote, ersatzweise 1 TL Vanilleextrakt
1 Prise Salz
griechischer Joghurt zum Anrichten

Für den Sirup
fein abgeriebene Schale von 2 und Saft von 4 Bio-Limetten
4 EL Honig

Den Backofen auf 180 °C vorheizen. Eine Springform (20 cm Durchmesser) einfetten und mit Mehl bestäuben.

Mehl, Kokosraspel und Backpulver in einer großen Rührschüssel mischen. Dann den Honig, die Kokosmilch, die Vanille und das Salz dazugeben und alles gründlich verrühren. Den Teig in die vorbereitete Kuchenform geben und im heißen Ofen 45–50 Minuten backen.

Inzwischen für den Sirup den Limettensaft, den Limettenabrieb und den Honig in einen kleinen Topf geben, aufkochen und in 1–2 Minuten zu einem Sirup einköcheln lassen.

Am Ende der Backzeit den Kuchen aus dem Ofen nehmen und in der Form 10 Minuten abkühlen lassen. Dann auf ein Kuchengitter stürzen. Den Kuchen mit dem Sirup beträufeln und mit etwas griechischem Joghurt anrichten.

Feigen-Nuss-Kuchen

Feigen und Nüsse sind wie füreinander geschaffen! Aroma und Konsistenz von Mandeln und Walnüssen liefern den perfekten Hintergrund für die wunderbar süßen Aromanoten der Feigen. Frische Feigen sollte man nur essen oder zum Backen verwenden, wenn sie vollreif sind. Nicht ganz vollreife Feigen kann man allerdings in einem sonnenwarmen Raum nachreifen lassen.

Ergibt 8–10 Stücke
260 g frische Feigen
115 g Honig (am besten Wildblütenhonig)
ausgeschabtes Mark von ½ Vanilleschote
100 g Butter, zerlassen
140 g helles Dinkelmehl, gesiebt
1 TL Backpulver
50 g fein gemahlene Walnusskerne
50 g fein gemahlene Mandeln
3 große Eier, leicht verquirlt
70 ml Vollmilch
1 TL gemahlener Zimt

Den Backofen auf 180 °C vorheizen. Eine Springform (22 cm Durchmesser) einfetten und mit Mehl bestäuben.

Die Feigen entstielen und quer in Scheiben schneiden. Die Feigen mit 40 g Honig und dem Vanillemark in eine Schüssel geben und vermischen. In einer großen Rührschüssel die Butter, den restlichen Honig, das Mehl, das Backpulver, die gemahlenen Walnüsse und Mandeln, die Eier und die Milch mit dem Handrührgerät zu einem glatten Teig verrühren.

Die Hälfte des Teigs in die vorbereitete Kuchenform geben und die Feigen darauf verteilen. Dann den restlichen Teig darübergeben und mit einem Konditormesser glatt streichen. Den Teig mit dem Zimt bestäuben und im heißen Ofen 40–45 Minuten backen, bis bei der Garprobe kein Teig mehr haften bleibt.

Am Ende der Backzeit den Kuchen in der Form 10 Minuten abkühlen lassen, dann vorsichtig auf ein Kuchengitter stürzen und noch warm servieren.

Ein Wort zu biologischen Milchprodukten

Um die Haltbarkeit zu verbessern und Krankheitskeime abzutöten, wird Milch in Deutschland generell pasteurisiert, also 15 bis 30 Sekunden auf 72 bis 75 °C erhitzt. Ernährungsphysiologisch erleidet sie durch dieses Verfahren keine Nachteile, und auch geschmacklich entspricht sie weitgehend der unbehandelten Kuhmilch. Vollkommen unbehandelte Rohmilch kann Keime enthalten, die für Säuglinge und Kleinkinder oder Menschen mit verminderten Abwehrkräften gewisse Risiken bergen. Deshalb muss diese Milch als »Vorzugsmilch« oder »Milch ab Hof« besonders gekennzeichnet sein. Rohmilch sollte innerhalb eines Tages verbraucht werden. Demgegenüber unterscheidet sich die durch Ultrahocherhitzung haltbar gemachte H-Milch sowohl im Geschmack als auch im Vitamingehalt deutlich von pasteurisierter oder roher Milch, wobei der Vitamingehalt durch längere Lagerung weiter abnimmt.

Kastenkuchen mit Datteln und Nüssen

Einfacher kann ein Kastenkuchen eigentlich kaum sein. Ich verwende hierfür gerne Walnussmehl und dazu ein paar ganze Walnusskerne. Man kann ihn auch in einer runden Form backen, aber ich bevorzuge die Kastenform. So lässt er sich gut in Scheiben schneiden, die dann mit Butter bestrichen werden können. Der Kuchen hält sich in einem dicht verschließbaren Behälter mehrere Tage.

Ergibt 10–12 Stücke
320 g Honig
175 g entsteinte Datteln, gehackt
50 g Walnusskerne, grob gehackt
50 g Pekannusskerne, grob gehackt
1 ½ TL Speisenatron
ausgeschabtes Mark von 1 Vanilleschote, ersatzweise 1 TL Vanilleextrakt
350 g Vollkorn-Dinkelmehl, gesiebt
3 großzügige TL Backpulver
abgeriebene Schale von 1 Bio-Orange
abgeriebene Schale und Saft von 1 Bio-Zitrone
½ TL Salz

Den Honig mit 550 ml Wasser, den Datteln, den Walnüssen und den Pekannüssen in einem mittelgroßen Topf langsam zum Kochen bringen. Vom Herd nehmen und kalt werden lassen.

Den Backofen auf 180 °C vorheizen. Eine 22 x 12 cm große Kastenform oder zwei 16 x 11 cm große Kastenformen einfetten und mit Mehl bestäuben.

Das Speisenatron, die Vanille, das Mehl, das Backpulver, das Salz, die Orangen- und Zitronenschale sowie den Zitronensaft in die abgekühlte Mischung geben und alles gründlich miteinander vermengen.

Die Masse in die vorbereitete/n Kastenform/en geben und im heißen Ofen 60–70 Minuten backen, bis bei der Garprobe kein Teig mehr haften bleibt.

Den Kuchen am Ende der Backzeit aus dem Ofen nehmen und 10 Minuten in der Form abkühlen lassen. Erst dann auf ein Kuchengitter stürzen und ganz auskühlen lassen. Genießen Sie den Kuchen in dicken Scheiben nach Geschmack mit etwas Butter bestrichen.

Bananen-Zimt-Kuchen

Beim Backen dieses Kuchens füllt sich die Küche mit den herrlichsten Düften – würzig, wärmend und unwiderstehlich. Oft backe ich ihn als Kastenkuchen, präsentiere ihn aber auch gerne mal als ansprechenden runden Kuchen auf dem Tisch. So oder so, er ist einfach zu machen und hält sich gut.

Ergibt 8–10 Stücke
100 g Sultaninen
80 ml dunkler Rum (für Kinder ersatzweise Earl-Grey-Tee)
175 g Vollkorn-Dinkelmehl, gesiebt
2 TL Backpulver
½ TL Speisenatron
½ TL Salz
½ TL gemahlener Zimt
125 g Butter, zerlassen
150 g Ahornsirup
2 große Eier
4 vollreife Bananen, zerdrückt
ausgeschabtes Mark von 1 Vanilleschote, ersatzweise 1 TL Vanilleextrakt

Die Sultaninen mit dem Rum oder dem Tee in einem Topf zum Kochen bringen und 10–15 Minuten köcheln lassen, bis die Sultaninen dick aufgequollen sind. Vom Herd nehmen und abkühlen lassen. Dann die Flüssigkeit abgießen.

Den Backofen auf 170 °C vorheizen. Eine Springform (22 cm Durchmesser) einfetten und mit Mehl bestäuben.

Das Mehl in eine Schüssel geben, Backpulver, Natron, Salz und Zimt dazugeben und alles gut vermischen. In einer großen Rührschüssel die zerlassene Butter und den Ahornsirup mit dem Handrührgerät schaumig rühren. Die Eier einzeln nacheinander und zuletzt die zerdrückten Bananen unterrühren. Die abgetropften Sultaninen und die Vanille zur Schaummasse geben und die Mehlmischung portionsweise unterziehen.

Den Teig in die vorbereitete Kuchenform geben, mit einem Konditormesser glatt streichen und im heißen Ofen etwa 1 Stunde backen, bis bei der Garprobe kein Teig mehr haften bleiben. Am Ende der Backzeit den Kuchen aus dem Ofen nehmen und in der Form 10 Minuten abkühlen lassen. Dann auf ein Kuchengitter stürzen und auskühlen lassen.

Mohnkuchen mit Zitronenguss

Die Idee zu diesem Rezept kam mir während des Besuchs bei einer Freundin, als wir in ihrem traumhaften Garten im Schatten ihres Limettenbaumes saßen, an unserem Tee nippten und einen wunderbar müßigen Sommernachmittag genossen. Dabei fiel mein Blick auf ein paar herrlich violette Mohnblüten, die mit ihren papiernen Blütenblättern so wunderbar zart und romantisch wirkten. Beim Abschied drückte mir meine Freundin ein ganzes Bündel davon in die Hand. Jene Mohnblüten, die ich inzwischen auch im eigenen Garten habe, gaben den Anlass zu diesem Kuchen.

Ergibt 8–10 Stücke
180 g weiche Butter
180 g helles Dinkelmehl, gesiebt
3 große Eier
1 TL Backpulver
180 g Ahornsirup oder Honig
85 g Mohnsamen

Für die Glasur
250 g Doppelrahmkäse oder Mascarpone
fein abgeriebene Schale und Saft von 1 Bio-Zitrone
ausgeschabtes Mark von 1 Vanilleschote, ersatzweise ½ TL Vanilleextrakt
30 g Ahornsirup oder Honig
einige Zitronenzesten zum Dekorieren (nach Belieben)

Den Backofen auf 170 °C vorheizen. Eine Springform (20 cm Durchmesser) einfetten und mit Mehl bestäuben.

In einer großen Rührschüssel die Butter mit dem Handrührgerät schaumig schlagen. 2–3 EL von dem Mehl dazugeben und die Eier einzeln nacheinander unterrühren. Das Ganze zu einer feinen Schaummasse verrühren. Das restliche Mehl und das Backpulver unterziehen. Dann den Ahornsirup und die Mohnsamen in die Masse geben und gut verrühren.

Den Teig in die vorbereitete Kuchenform geben, mit einem Konditormesser glatt streichen und im heißen Ofen 30–35 Minuten backen, bis bei der Garprobe kein Teig mehr haften bleibt. Aus dem Ofen nehmen und in der Form 10 Minuten abkühlen lassen. Dann auf ein Kuchengitter stürzen und auskühlen lassen.

Wenn der Kuchen ganz ausgekühlt ist, alle Zutaten für die Glasur verquirlen und diese mit einem Konditormesser auf dem Kuchen verstreichen. Nach Belieben mit den Zesten bestreuen.

Kerniger Muskatnuss-Kuchen

In unserer Kindheit war dieser Kuchen das Lieblingsrezept eines meiner großen Brüder. Immer wenn er sich etwas Gutes gönnen wollte, dann buk er diesen Kuchen. Das Originalrezept stammt aus einem bekannten Ayurvedischen Kochbuch von Melanie Walker, ich habe es allerdings etwas abgewandelt, weil ich lieber Ahornsirup anstelle von Melasse und außerdem gerne meine eigene Nussmischung verwende. Da hier keine frischen Früchte verwendet werden, kann man die Zutaten gut auf Vorrat kaufen. Der Kuchen besteht aus drei unterschiedlichen, feinen Schichten, was für eine aufregende Mischung aus Textur und Aroma sorgt. Er passt hervorragend zu einer Tasse Kaffee oder Tee.

Ergibt 8–10 Stücke
80 g gemischte Nüsse (z. B. Pekannüsse, Pistazienkerne und Mandeln)
225 g weiche Butter
1 EL Ahornsirup
260 g helles Dinkelmehl, gesiebt
200 g Rohrohrzucker (Demerara)
½ TL Salz
1 TL frisch geriebene Muskatnuss
280 ml Sauerrahm
1 TL Speisenatron
1 großes Ei

Den Backofen auf 180 °C vorheizen. Eine Springform (20 cm Durchmesser) einfetten und mit Mehl bestäuben.

Die Nussmischung in eine Pfanne geben und ohne Fettzugabe bei mittlerer bis kräftiger Hitze unter ständigem Rühren etwa 10 Minuten rösten, bis die Nüsse etwas dunkler geworden sind und zu duften beginnen. Sofort aus der Pfanne nehmen und beiseitestellen. Alternativ können die Nusskerne auch 8–10 Minuten lang auf einem Backblech im Backofen geröstet werden. Hin und wieder kontrollieren und die Nüsse schütteln.

Die Butter und den Ahornsirup in einem mittelgroßen Topf zerlassen. Das Mehl, den Zucker, das Salz und die Muskatnuss dazugeben und das Ganze mit einem Holzkochlöffel zu einer bröseligen Mischung verrühren. Die Hälfte dieser Masse in die vorbereitete Form geben.

Den Sauerrahm, das Speisenatron und das Ei in die restliche Kuchenmasse rühren und diese auf dem Teigboden verstreichen. Dann die gerösteten Nusskerne grob hacken und über den Teig streuen.

Den Kuchen im heißen Ofen 40 Minuten backen, bis er in der Mitte auf Fingerdruck nicht mehr nachgibt. Am Ende der Backzeit aus dem Ofen nehmen und in der Form abkühlen lassen.

Zitrusfrüchtekuchen mit Honig-Pistazien-Glasur

Wenn Ihnen einmal der Sinn nach mehr Farbe, Wärme und Heiterkeit im Leben steht, dann ist dies der richtige Kuchen. Sein wunderbar goldgelber Glanz hebt unweigerlich sofort die Stimmung. Wenn er glutenfrei sein soll, ersetzen Sie den Grieß durch 300 g gemahlene Mandeln. Glutenfreies Mehl und glutenfreies Backpulver sind inzwischen in den meisten Supermärkten erhältlich.

Ergibt 10–12 Stücke
80 g gemahlene Mandeln
150 g helles Dinkelmehl, gesiebt
200 g Grieß
1 TL Backpulver
1 Prise Salz
abgeriebene Schale von 2 Bio-Orangen und den Saft von 1 Orange
abgeriebene Schale und Saft von 1 Bio-Zitrone
300 g Honig
180 g griechischer Joghurt
4 große Eier
180 ml Olivenöl
100 g Pistazienkerne, grob gehackt
einige Zesten von der Schale einer unbehandelten Orange

Den Backofen auf 180 °C vorheizen. Eine Springform (28 cm Durchmesser) einfetten und mit Mehl bestäuben.

Mandeln, Mehl, Grieß, Backpulver und Salz in eine Schüssel geben und vermischen. In einer Rührschüssel die Orangen- und Zitronenschalen mit 200 g Honig, dem Joghurt, den Eiern und dem Olivenöl mit dem Handrührgerät gründlich verrühren. Die Mehlmischung dazugeben und das Ganze zu einem glatten Teig verarbeiten.

Den Teig in die vorbereitete Form geben, mit einem Konditormesser glatt streichen und im heißen Ofen etwa 30 Minuten backen, bis der Kuchen goldgelb ist und bei der Garprobe kein Teig mehr haften bleibt. Am Ende der Backzeit den Kuchen aus dem Ofen nehmen und in der Form auskühlen lassen.

In der Zwischenzeit den Orangen- und Zitronensaft mit dem restlichen Honig in einem kleinen Topf aufkochen und einige Minuten köcheln lassen, dann vom Herd nehmen und die Pistazienkerne dazugeben.

Den abgekühlten Kuchen auf eine Kuchenplatte legen und die Oberfläche mit einem Holzstäbchen oder einem spitzen Messer mehrfach einstechen. Den Honigsirup langsam über den Kuchen träufeln und einziehen lassen. Das Ganze nach Belieben mit einigen Orangenschalenzesten garnieren.

Zu diesem Kuchen schmeckt griechischer Joghurt, verrührt mit etwas Honig.

Saftiger Zitronenkuchen

Mir ist auf dieser Erde noch niemand begegnet, der Zitronenkuchen verschmäht. Also hatte ich den Ehrgeiz, ein Rezept zu entwickeln, das genauso köstlich sein sollte wie die klassische Version, aber ohne raffinierten weißen Zucker zubereitet werden sollte. Das Ergebnis habe ich mehreren nichts ahnenden Leuten vorgestellt, und allesamt waren sie begeistert davon. Entscheidend ist in diesem Rezept die Verwendung einer großen, vollaromatischen Zitrone – Amalfi-Zitronen sind da natürlich unübertrefflich, aber da diese nicht so leicht zu finden sind, sollten Sie zumindest eine große Bio-Zitrone verwenden.

Ergibt 8–10 Stücke
125 g weiche Butter
175 g helles Dinkelmehl, gesiebt
2 große Eier
1 ½ TL Backpulver
1 Prise Salz
175 g Ahornsirup
abgeriebene Schale von 1 Bio-Zitrone
4 EL Vollmilch

Zum Glasieren
5 gehäufte EL zuckerfreier Aprikosen-Fruchtaufstrich
1 Spritzer Zitronensaft

Den Backofen auf 180 °C vorheizen. Eine 23 x 12 cm große Kastenform einfetten und mit Mehl bestäuben.

In einer großen Rührschüssel die Butter mit dem Handrührgerät schaumig schlagen. 2–3 EL Mehl und die Eier einzeln nacheinander unterrühren und das Ganze zu einer feinen Schaummasse rühren.

Das restliche Mehl, Backpulver, Salz, Ahornsirup und die geriebene Zitronenschale zur Schaummasse geben und mit einem metallenen Löffel oder Küchenspachtel behutsam unterziehen. Zuletzt soviel Milch unterrühren, dass der Teig in dicken Tropfen vom Löffel fällt.

Den Teig in die vorbereitete Backform streichen und im heißen Ofen etwa 30 Minuten backen, bis der Kuchen in der Mitte auf Fingerdruck nicht mehr nachgibt. Am Ende der Backzeit den Kuchen aus dem Ofen nehmen und in der Form 10 Minuten abkühlen lassen. Dann auf ein Kuchengitter stürzen und vollständig auskühlen lassen.

Den Aprikosen-Fruchtaufstrich und den Zitronensaft in einem kleinen Topf aufkochen und bei schwacher Hitze etwa 1 Minute köcheln lassen. Soll die Sauce besonders glatt werden, durch ein Sieb streichen. Die Oberseite des Kastenkuchens großzügig mit der Fruchtsauce bepinseln.

Christmas Cake

Als ich vor Kurzem mit Fiona Cairns an ihrer TV-Backsendung arbeitete, hatte ich das Glück einen ihrer großartigen Tamarinden-Früchte-Kuchen probieren zu können. Das war zweifellos der beste Früchtekuchen, den ich jemals gegessen habe – der Auftrag, die königliche Hochzeitstorte zu backen, fällt ja auch nicht einfach so vom Himmel. An alle, die keinen Kuchen mit kandierten Früchten mögen: Probieren Sie den ihren, und ich garantiere Ihnen, Sie werden Ihre Meinung ändern. Hier stelle ich eine abgewandelte Version von Fionas Rezept vor, nicht weil es daran etwas zu verbessern gäbe, sondern einfach mit dem Ziel, weniger Zucker im Kuchen zu verwenden. Ich finde, es ist gelungen. Dieser Kuchen sollte mindestens eine Woche oder noch länger, bis zu drei Monaten, im Voraus gebacken werden, damit er wirklich gut durchziehen kann.

Ergibt 12–14 Stücke
100 g Pistazienkerne
50 g blanchierte Mandeln
250 g Ahornsirup
250 g weiche Butter
160 g gemahlene Mandeln
5 große Eier, leicht verquirlt
200 g helles Dinkelmehl, gesiebt
2 TL Backpulver
1 TL Salz
Etwas Marsala zum Tränken des Kuchens

Für die Früchtemischung
250 g Muskateller-Rosinen
250 g Sultaninen
250 g dunkle, kandierte Kirschen
100 g Korinthen
150 g getrocknete Cranberrys
150 g Ingwer in Sirup, gehackt
1 TL Tamarindenpaste
4 EL Ahornsirup
50 g Bitterorangen-Marmelade
fein abgeriebene Schale von 1 Bio-Zitrone
fein abgeriebene Schale von 1 Bio-Orange
1 TL Mixed Spice, ersatzweise Lebkuchengewürz
150 ml Marsala

Einen Tag vor Zubereitung des Kuchens alle Zutaten für die Früchtemischung vermengen. Mit einem Tuch oder Frischhaltefolie abdecken und die getrockneten Früchte gut einweichen lassen.

Am nächsten Tag den Backofen auf 140 °C vorheizen. Eine Springform (24 cm Durchmesser) leicht einfetten und mit Backpapier auslegen. Die Pistazienkerne und die blanchierten Mandeln auf ein Backblech geben und 10 Minuten im Backofen rösten. Herausnehmen und leicht abkühlen lassen, dann hacken und beiseitestellen.

In einer großen Rührschüssel die Butter mit dem Handrührgerät schaumig schlagen. Die gemahlenen Mandeln und die Eier nach und nach unterrühren. Das Mehl mit dem Backpulver und dem Salz vermischen und unter die Schaummasse ziehen. Dann die eingeweichten Früchte mit der Flüssigkeit sowie die Mandeln, die Pistazien und den Ahornsirup unter den Teig ziehen.

Den Teig in die vorbereitete Kuchenform geben und im heißen Ofen 2¾–3 Stunden backen, bis bei der Garprobe kein Teig mehr haften bleibt. Sollte der Kuchen oben zu stark bräunen, mit einem Stück Alufolie locker abdecken. Am Ende der Backzeit aus dem Ofen nehmen und in der Form auskühlen lassen.

Den erkalteten Kuchen auf der Oberseite mit einem Stäbchen mehrfach einstechen, mit ein paar EL Marsala gleichmäßig beträufeln, dann erst in Backpapier und zusätzlich in Alufolie einpacken. Den Kuchen eine Woche oder bis zu 3 Monate durchziehen lassen. Nach Belieben kann noch etwas Marsala zugegeben werden.

Dattelkuchen mit Zitrus-Frischkäse-Glasur

Dieser Kuchen mit dem vollen Aroma süßer Datteln ist einfach unbeschreiblich lecker. Ich gestehe, dass ich für Trockenobst und Nüsse schon immer eine Schwäche hatte. Wenn ich zwischendurch eine kleine Stärkung brauche, greife ich zu einer Handvoll Nüssen und getrockneten Früchten, und schon kann es weitergehen. Daher wollte ich einen richtig üppigen Kuchen voller nahrhafter Zutaten entwickeln, und ich glaube, das ist mir wirklich gelungen. Die frische Zitrusglasur ist natürlich kein Muss, macht sich aber wirklich gut. Ob mit oder ohne, das Ganze ist eine etwas gesündere Variante eines echt britischen »Sticky Toffee Cake«, und das kann ja nicht verkehrt sein.

Ergibt 10–12 Stücke

190 g Datteln, entsteint und grob gehackt
100 g helles Dinkelmehl, gesiebt
100 g Vollkorn-Dinkelmehl, gesiebt
1 TL Speisenatron
2 TL Backpulver
90 g weiche Butter
160 g Ahornsirup
ausgeschabtes Mark von 1 Vanilleschote, ersatzweise 1 TL Vanilleextrakt
2 große Eier
abgeriebene Schale von ½ Bio-Orange
abgeriebene Schale von ½ Bio-Zitrone

Für die Glasur

250 g Doppelrahmfrischkäse
4 EL Ahornsirup
abgeriebene Schale von ½ Bio-Zitrone
abgeriebene Schale von ½ Bio-Orange

Den Backofen auf 180 °C vorheizen. Eine Springform (24 cm Durchmesser) einfetten und mit Mehl bestäuben. Die Datteln mit 180 ml kochendem Wasser übergießen und zum Einweichen beiseitestellen.

Die Mehlsorten, das Speisenatron und das Backpulver miteinander vermischen. In einer Rührschüssel die Butter mit dem Handrührgerät schaumig schlagen. 2–3 EL von der Mehlmischung dazugeben und die Eier einzeln nacheinander unterrühren. Die Masse solange schlagen, bis eine feine Schaummasse entstanden ist. Die restliche Mehlmischung sowie den Ahornsirup, die Vanille und die Zitronen- und Orangenschale unter die Schaummasse ziehen. Zuletzt die Datteln dazugeben und mit einem Löffel oder Küchenspachtel behutsam unter den Teig heben, bis alles gut vermengt ist. Dabei nicht zu stark rühren.

Die Masse in die vorbereitete Backform geben, mit einem Konditormesser glatt streichen und im heißen Ofen 40–50 Minuten backen, bis der Kuchen in der Mitte auf Fingerdruck nicht mehr nachgibt. Am Ende der Backzeit den Kuchen in der Form 10 Minuten abkühlen lassen, dann auf ein Kuchengitter stürzen und auskühlen lassen.

Für die Glasur alle Zutaten (von der abgeriebenen Schale etwas aufheben) in einer Schüssel gründlich vermengen. Die Mischung mit einem Konditormesser auf dem abgekühlten Kuchen verstreichen und mit der restlichen Schale bestreuen.

Orangen-Mandel-Pistazien-Kuchen ohne Mehl

Entdeckt habe ich dieses Rezept, als ich in Melbourne lebte und häufig Gast bei Babka war, der besten Café-Konditorei, die ich jemals auf der Welt kennengelernt habe! Sie genoss höchstes Ansehen für ihre Kuchen, und die Schlange, die sich um die Osterzeit wegen ihrer Korinthenbrötchen bildete, ging einmal um den ganzen Block. Ihr Sortiment war einfach göttlich, und dieser Kuchen war ein Teil davon. Bei Babka wurde er mit gemahlenen Mandeln gemacht, hier habe ich ihn aber ergänzt mit Pistazienkernen. Die Idee dazu stammt von meiner Freundin Lizzie Harris, sie hat ihn einmal für mich mit beiden Nussarten gebacken, und ich fand, dass er so das Original sogar übertraf.

Ergibt 8–10 Stücke
2 Bio-Orangen
3 große Eier
215 g heller, flüssiger Honig
250 g gemahlene Mandeln
100 g Pistazienkerne, fein gemahlen
1 TL Backpulver

Die ungeschälten Orangen in einen Topf legen, mit kaltem Wasser bedecken, zum Kochen bringen und auf niedriger Stufe 1 Stunde köcheln lassen. Den Backofen auf 170 °C vorheizen. Eine Springform (22 cm Durchmesser) einfetten und mit Mehl bestäuben.

Die Orangen abgießen, in grobe Stücke schneiden und im Mixer oder mit dem Pürierstab pürieren. Das Orangenpüree, die Eier, den Honig, die gemahlenen Mandel- und Pistazienkerne sowie das Backpulver in eine Rührschüssel geben und alles gründlich verrühren.

Die Masse in die vorbereitete Kuchenform geben und im heißen Ofen 1 Stunde backen, bis bei der Garprobe kein Teig mehr haften bleibt. Am Ende der Backzeit den Kuchen aus dem Ofen nehmen und in der Form abkühlen lassen.

Als Dessert richten Sie diesen Kuchen mit einem Klecks griechischen Joghurts an, den Sie nach Belieben mit etwas Honig beträufeln können.

DESSERTS

Nachtisch gehört in meinem Haushalt einfach zur Mahlzeit dazu. In der Woche besteht er meist aus Fruchtkompott, Joghurt, ein paar gerösteten Kokosraspeln und einem Spritzer Honig oder Ahornsirup. Am Wochenende dagegen nehme ich mir auch gerne etwas mehr Zeit dafür. Zu meinen Lieblingsdesserts gehört Großmutters Biskuitauflauf. Da steckt alles drin, was einen guten Nachtisch ausmacht. In Crumbles und Pies lassen sich wunderbar zu groß gewordene Obstvorräte verwerten, außerdem zaubern sie garantiert strahlende Gesichter rund um den Tisch. Das Beste an diesen Gerichten ist, dass die Füllungen den Jahreszeiten entsprechend angepasst werden können. In den Sommermonaten findet man leckeres Kernobst und Sommerbeeren, mit dem Herbst kommen Äpfel und Birnen, und im Winter schließlich können Sie all die Früchte verwenden, die Sie im Sommer eingeweckt haben. Ich selbst verwende bei winterlichen Kombinationen gern diverse Gewürze, aber experimentieren Sie einfach. Wichtig ist nur, dass Sie sich an die Mengenangaben halten.

All diese Rezepte sind sehr familienfreundlich, und immer wieder drehen sie sich um Obst. Es gibt auch einige einfache Desserts für ein Abendessen mit Freunden sowie einige simple Vorschläge für gekochte Früchte, die zu jeder Gelegenheit passen.

Gegrillte Pfirsiche mit Mascarponecreme

Ein wunderbar einfaches Dessert mit einem Maximum an fruchtigem Genuss. Am besten gelingt es, wenn die Pfirsiche so richtig vollreif und süß sind.

Für 6 Personen
6 reife Pfirsiche
3 EL Ahornsirup
1 EL zerlassene Butter
3 EL Haselnüsse, fein gehackt

Für die Mascarponecreme
500 g Mascarpone
3 Eigelb
120 g Ahornsirup

Für die Mascarponecreme den Mascarpone in einer Schüssel leicht aufschlagen. In einer Rührschüssel die Eigelbe mit dem Handrührgerät cremig schlagen und dabei langsam den Ahornsirup zugießen. Dann den Mascarpone unterziehen und die Creme kalt stellen.

Die Pfirsiche halbieren und entsteinen und in eine flache Schale legen. Die Früchte mit dem Ahornsirup und der Butter begießen und mehrfach wenden, so dass sie überall mit der Butter-Sirup-Mischung überzogen sind. Eine Grillpfanne erhitzen und die Pfirsiche darin mit der Schnittfläche nach unten kurz braten, bis sie gerade anfangen zu bräunen. Die Pfirsichhälften auf Tellern mit der Mascarponecreme anrichten, mit den Haselnüssen bestreuen und sofort servieren.

Ein Wort zu alten Obstsorten

Alte Obstsorten wachsen aus Saatgut, das über Jahrzehnte oder gar Jahrhunderte hinweg sorgfältig ausgelesen wurde, damit die Bäume so aromatische und gesunde Früchte wie möglich tragen. Diese schon von Natur aus widerstandsfähigen Pflanzen haben sich in gewisser Weise gemeinsam mit den Menschen entwickelt, die sie angebaut haben. Häufig handelt es sich dabei um lokale Sorten, die sich dem jeweiligen Klima optimal angepasst haben.
Alte Obstsorten passen nicht in unsere genormte Gegenwart. Zum einen liefern sie oft Früchte, die vor den kritischen Augen eines an einheitliche Supermarktware gewöhnten Publikums nicht bestehen könnten, zum anderen sorgt in Europa eine regulierungswütige Europäische Union mit immer neuen Beschränkungen und Verordnungen dafür, dass der Verbraucher nur noch die Wahl zwischen wenigen Obstsorten von einheitlicher Größe, Farbe und einheitlichem Geschmack hat. Wer jemals auf einem Bauernmarkt mehrere alte Apfelsorten verkostet hat, der weiß, welche Fülle an unterschiedlichen Aromen dort zu finden sind und welcher Schatz verlorengeht, sollten sich die Lobbyisten der großen Saatgutkonzerne in Brüssel auf Dauer durchsetzen. Die Frage, ob alte Obstsorten modernen Massensorten ernährungsphysiologisch überlegen sind, lässt sich nicht pauschal beantworten. In jedem Fall sind sie ein bewahrenswertes Stück Kultur, und solange die Politik zumindest nichtgewerbliche Gärtner von Zulassungspflichten und anderen bürokratischen Schikanen ausnimmt, sollten wir in unseren Hausgärten für die Erhaltung der traditionellen Vielfalt sorgen.

Gebackene Aprikosen mit Zitronenverbene

Im Garten meiner Mutter gab es einen riesigen Zitronenduftstrauch – die wunderbare Zitronenverbene aus der Familie der Eisenkrautgewächse – die nahezu das ganze Jahr über prächtig gedieh. Der Strauch trägt zarte kleine Blüten, und aus den zitronig duftenden Blättern habe ich meistens Tee gemacht. Hin und wieder bereitete meine Mutter aber auch gebackene Aprikosen zu und aromatisierte den Sirup mit dieser wohlriechenden Pflanze. Die Kombination aus Aprikosen und Zitronenverbene ist einfach umwerfend fein. Sie werden genauso dafür schwärmen wie ich. Aber achten Sie darauf, nur frische Blätter zu verwenden.

Für 4 Personen
500 g Aprikosen, halbiert und entsteint
1 Handvoll Blätter vom Zitronenduftstrauch (Zitronenverbene)
3 EL Ahornsirup oder Honig
1 Sternanis
1 Vanilleschote

Den Backofen auf 180 °C vorheizen.

In einer ausreichend großen Backform die Aprikosenhälften in einer Lage nebeneinander verteilen. Die Zitronenverbenenblätter mit 700 ml kochendem Wasser überbrühen und 5–10 Minuten ziehen lassen.

Den Tee abseihen, über die Aprikosen gießen und den Sternanis sowie die Vanilleschote zwischen die Früchte stecken. Das Ganze mit Ahornsirup oder Honig beträufeln und etwa 40 Minuten im Backofen garen. Aus dem Ofen nehmen und abkühlen lassen.

Servieren Sie diese köstlich aromatisierten Früchte warm oder kalt, mit Joghurt, Sahne oder einfach pur.

Bratäpfel mit Datteln und Honig

Bei meiner Mutter gab es früher oft Bratäpfel, daher ist das für mich der Inbegriff von Zuhause, Behaglichkeit, Familie und süßen Leckereien. Dazu passt wunderbar eine Vanillesauce oder die mit Zimt gewürzte Crème fraîche, wie hier in meinem Vorschlag.

Für 4 Personen
4 Kochäpfel
12 Datteln (Medjool), entsteint
1 TL Mixed Spice, ersatzweise Lebkuchengewürz
85 g Honig
Zimtige Crème fraîche (siehe Seite 174), zum Anrichten

Den Backofen auf 180 °C vorheizen.

Das Kerngehäuse der Äpfel mit einem Ausstecher entfernen. Die Äpfel in eine Auflaufform legen, die gerade groß genug ist, um sie nebeneinanderstellen zu können. Jeden Apfel mit 3 Datteln füllen, mit der Gewürzmischung bestreuen und dann mit Honig beträufeln. 230 ml Wasser angießen und das Ganze im Ofen 45 Minuten backen, bis die Äpfel in der Mitte schön weich sind. Mit der gewürzten Crème fraîche und dem Bratensaft der Äpfel anrichten.

Gebackene Honigfeigen

Feigen umgibt ein ganz besonderes Flair. Dort, wo sie typischerweise gedeihen, wird es sehr heiß, es ist trocken und karg, und dennoch bringt ein Feigenbaum etwas so etwas Zartes, Saftiges, Süßes, Köstliches wie die Feige hervor. Während eines sommerlichen Besuchs bei einem Freund in Spanien machte ich einmal schon in aller Frühe einen Spaziergang über die Hügel und kam an einen Feigenbaum voller herrlich violetter Früchte. Und so war auf dem Weg zurück mein T-Shirt vollgepackt mit vollreifen, köstlich süßen Feigen, die ich, ins Haus zurückgekehrt, zu einem tollen Frühstück verarbeitete. Dazu gab es dicken Joghurt und Honig. Bessere Feigen habe ich selten gegessen, dabei ist dieses Rezept sicher eines meiner einfachsten.

Für 6 Personen
500 g vollreife Feigen ohne Stiel
100 g kalte Butter
100 g Honig aus der Region
1 EL abgeriebene Schale einer Bio-Zitrone

Den Backofen auf 180 °C vorheizen.

Die Feigen auf der Oberseite kreuzweise einschneiden und nebeneinander auf ein ausreichend großes Backblech legen. Auf jede Feige ein Stück Butter geben und etwas Honig darüberträufeln. Die Feigen im heißen Ofen etwa 30–40 Minuten backen, bis sie an der Oberfläche schön karamellisiert sind.

Zum Frühstück oder als Dessert servieren und dazu etwas Joghurt oder Sahne reichen, beträufelt mit etwas Honig und bestreut mit der abgeriebenen Zitronenschale.

Gebackener Rhabarber mit Orange und eingelegtem Ingwer

Auf dieses Rezept kam ich während eines Food-Styling-Auftrags, und es hat mich sofort überzeugt, denn es ist unglaublich vielseitig. Probieren Sie es als Dessert mit Sahne oder Vanilleeis oder mit Joghurt und ein paar von meinen Honignüssen (siehe Seite 165) zum Frühstück oder reichen Sie es mit Pfannkuchen und Joghurt. Wenn der Rhabarber aus Ihrem Garten allzu sauer schmeckt, nehmen Sie einfach mehr Sirup.

Für 4 Personen
6 Rhabarber-Stangen, geputzt und schräg in daumendicke Scheiben geschnitten
2 Stücke Ingwer in Sirup, in feine Scheibchen geschnitten
4 EL Sirup aus dem Ingwerglas
150 g Ahornsirup
1 Vanilleschote
abgeriebene Schale von 1 Bio-Orange

Den Backofen auf 180 °C vorheizen. Den Rhabarber nebeneinander in eine ausreichend große Auflaufform legen. Die Ingwerscheibchen über den Rhabarber verteilen. Den Sirup löffelweise darüberträufeln. Die Vanilleschote längs aufschlitzen und das Mark herausschaben. Die Schote zwischen die Rhabarberstücke legen. Das Vanillemark zwischen dem Rhabarber verteilen und alles mit der abgeriebenen Orangenschale bestreuen. Den Rhabarber mit Alufolie abdecken und im heißen Ofen 25–30 Minuten garen, bis er weich, aber nicht zusammengefallen ist. Vor dem Servieren am besten 1 Stunde ziehen lassen, damit sich die Aromen gut entfalten können.

Schoko-Kirsch-Cups

Diese himmlischen kleinen Schokoladengenüsse sind ideal für eine Abendeinladung. Etwas dekadent sind sie schon, aber es ist ja nur eine kleine Portion. Sie sind ganz leicht zu machen.

Für 8 Personen
200 g Bitterschokolade (70 % Kakaoanteil), in kleine Stücke gehackt
200 g kalte Butter, in kleine Würfel geschnitten
4 große Eier und 4 Eigelbe
200 g helles Dinkelmehl, gesiebt
200 g Ahornsirup
150 g Kirschen, halbiert und entsteint
Puderzucker aus Rohrohrzucker zum Bestäuben

8 oder 9 ofenfeste Tassen oder Auflaufförmchen fetten und mit Mehl ausstreuen. Die Butter und die Schokolade im Wasserbad langsam schmelzen lassen. Die Schüssel aus dem Wasserbad nehmen, die Masse glatt rühren und 10 Minuten abkühlen lassen.

In einer Rührschüssel die ganzen Eier und die Eigelbe mit einem Handrührgerät zu einer dicken, hellgelben Masse verquirlen. Das Mehl sieben und nach und nach vorsichtig unter die Eiermasse heben, anschließend den Ahornsirup unterziehen.

Die geschmolzene Schokolade portionsweise zum Teig gießen und vorsichtig unterziehen, bis die Schokolade sich gut verteilt hat und die Masse die Konsistenz eines lockeren Kuchenteigs hat. Den Teig in die vorbereiteten Tassen oder Auflaufförmchen gießen und mehrere Kirschhälften hineindrücken. Die Förmchen vor dem Backen mindestens 20 Minuten in den Kühlschrank stellen. Den Backofen auf 200 °C vorheizen.

Die Förmchen auf ein Backblech stellen und das Ganze 10–12 Minuten backen, bis sich oben eine Kruste gebildet hat, dann mit Puderzucker bestäuben und warm mit süßer Sahne oder Crème fraîche anrichten.

Aprikosen-Pistazien-Crumble

Crumbles sind typisch britische und amerikanische Süßspeisen, die erst nach dem 2. Weltkrieg populär geworden sind. Dazu werden Früchte aromatisiert, mit Streuseln bedeckt und im Ofen gebacken. Dieses Rezept ergibt eine recht große Portion, die Zutaten könnten aber für eine kleinere Form ohne weiteres halbiert werden. Diese Kombination aus Aprikosen und Pistazien ist in meinen Augen einfach grandios, sowohl der Aromen als auch der Farben wegen. Aber auch andere Früchte können hier wunderbar zum Einsatz kommen, beispielsweise Pfirsiche und Heidelbeeren oder Nektarinen und Himbeeren.

Für 8–10 Portionen
1,5 kg reife Aprikosen, halbiert und entsteint
1 Vanilleschote, längs aufgeschnitten
1 große Prise gemahlener Zimt
2 EL Honig, oder auch mehr, je nach Süße der Aprikosen

Für die Streusel
200 g kalte Butter
200 g Vollkorn-Dinkelmehl, gesiebt
75 g Pistazien, fein gemahlen
75 g gemahlene Mandeln
150 g Demerara-Zucker
150 g Haferflocken
100 g Pistazienkerne, grob gehackt

Den Backofen auf 180 °C vorheizen.

Die Aprikosen mit der Vanilleschote, dem Zimt, dem Honig und 50 ml Wasser in einen großen Stieltopf geben und bei mittlerer Hitze in etwa 10–15 Minuten so weich garen, dass sie gerade beginnen, ihre Form zu verlieren. Die Aprikosen auf einer flachen, etwa 30 x 22 cm großen Auflaufform verteilen.

Für die Streusel die Butter und das Mehl in eine große Schüssel geben und alles zwischen den Fingerspitzen zu einer fein-krümeligen Masse zerreiben. Dann die gemahlenen Pistazienkerne und Mandeln sowie den Zucker und die Haferflocken dazugeben, alles gründlich vermengen und über die Aprikosen verteilen.

Das Ganze im Backofen 50–60 Minuten backen, bis die Früchte durch die Kruste blubbern, dann aus dem Ofen nehmen und mit den gehackten Pistazien bestreuen.

Das Dessert am besten warm, aber nicht heiß, mit kalter Sahne oder griechischem Joghurt anrichten.

Birnen-Ingwer-Crumble

Die allseits beliebten Crumbles bieten ein Maximum an Aroma, Geschmack und Genuss bei einem Minimum an Aufwand – sie sind so einfach zu machen, dass eigentlich gar nichts schiefgehen kann. Sie passen im Grunde in jede Jahreszeit, dieses Rezept aber ist perfekt für kalte Winterabende, denn dann gibt es außer dem Vorrat an gut lagerfähigen Äpfeln und Birnen kaum andere Früchte. Die Streusel sind bei diesen beiden Crumble-Rezepten unterschiedlich – kreieren Sie nach Lust und Laune Ihre eigene Mischung aus verschiedenen Mehlsorten, Getreideflocken und Nüssen.

Für 8–10 Personen
2 kg Äpfel und Birnen, geschält und das Kerngehäuse entfernt
Saft von ½ Zitrone
2 Stücke Ingwer in Sirup, grob gehackt
Saft von 1 Orange
1 TL gemahlener Zimt
50–70 g Honig, je nach Süße der Früchte

Für die Streusel
125 g kalte Butter, in Stücke geschnitten
125 g helles Dinkelmehl, gesiebt
80 g Haselnusskerne, geröstet, die Haut abgerieben und grob gehackt
80 g blanchierte Mandeln, geröstet und grob gehackt
25 g Haferflocken
½ TL gemahlener Zimt
75 g Vollrohrzucker (Rapadura)
50 g Rohrohrzucker (Demerara)

Den Backofen auf 170 °C vorheizen.

Die vorbereiteten Früchte in feine Scheiben schneiden, mit dem Zitronensaft beträufeln und in eine etwa 30 x 22 cm große Auflaufform geben. Die gehackten Ingwerstücke, den Orangensaft, den Zimt und den Honig darüber verteilen.

Für die Streusel die Butter und das Mehl in eine große Schüssel geben und alles zwischen den Fingerspitzen zu einer krümeligen Masse zerreiben. Die Nüsse, die Mandeln, die Haferflocken, den Zimt und die Zuckersorten untermischen. Alles über den Früchten verteilen und im heißen Ofen 40–50 Minuten backen. Darauf achten, dass die Streusel nicht verbrennen.

Das Dessert am besten warm, aber nicht heiß mit reichlich kalter Sahne oder griechischem Joghurt anrichten.

Renekloden-Clafoutis

Dieses Clafoutis kann nicht nur mit Renekloden, sondern auch mit jeder anderen Pflaumenart oder mit Kirschen zubereitet werden. Für eine winterlichere Variante eignen sich auch eingemachte Kirschen aus dem Glas. Falls Ihnen der Gedanke an Kerne im Dessert nicht behagt, können Sie die Früchte zuvor entkernen, wobei sie aber nach Möglichkeit intakt bleiben sollten.

Für 8 Personen
4 große Eier
160 g helles Dinkelmehl, gesiebt
220 g Butter
300 ml Vollmilch
120 g Ahornsirup
ausgeschabtes Mark von 2 Vanilleschoten
400 g vollreife Renekloden, mit Stein

Den Backofen auf 200 °C vorheizen. 160 g Butter zerlassen und etwas abkühlen lassen.

Die Eier in einer großen Schüssel mit einer Gabel verquirlen und dann das Mehl leicht unterrühren. Erst die Butter, dann die Milch in kleinen Portionen unterrühren und zuletzt den Ahornsirup sowie das ausgekratzte Vanillemark dazugeben.

20 g der restlichen Butter in kleine Würfel schneiden und beiseitestellen. Mit dem Rest der Butter eine ofenfeste Form von etwa 22 cm Durchmesser und mit einem 3–4 cm hohen Rand einfetten. Die Renekloden gleichmäßig auf dem Boden der Form verteilen, die Teigmasse vorsichtig darübergießen und den Auflauf 25 Minuten backen. Nach 10 Minuten die Temperatur auf 180 °C reduzieren.

Am Ende der Backzeit den Auflauf aus dem Ofen nehmen, die beiseitegestellten Butterwürfel darüber verteilen und das Ganze in weiteren 5 Minuten fertigbacken, bis das Clafoutis fest und schön goldgelb ist. Bei der Garprobe sollte kein Teig mehr haften bleiben.

Das Clafoutis direkt aus der Form mit Sahne oder Eiscreme anrichten.

Großmutters Biskuitauflauf

Als Kinder konnten wir sicher sein, bei jedem Besuch bei unserer Großmutter dieses Gericht vorgesetzt zu bekommen. Ich liebte es damals und liebe es heute immer noch. Dieses sehr einfache Dessert ist auch eine gute Methode, Obst zu verwerten, wenn es einmal zu viel davon gibt. Wenn Sie Obst selbst einwecken, ist dies das perfekte Rezept für den Winter, wenn die Obstbäume zwar längst kahl sind, Ihre umsichtige Planung und harte Arbeit aber die Regale der Speisekammer mit prächtigen Einmachgläsern gefüllt hat. Bei meiner Mutter aufzuwachsen, bedeutete auch immer, im Sommer und Herbst körbeweise Obst zu pflücken und dann natürlich stundenlang am Küchentisch zu verbringen, schälend, schneidend und hackend – um ihr bei der Vorbereitung der langen Reihen von Einmachgläsern für das Vorratsregal zu helfen. Ich denke gerne daran zurück, und diese Erinnerung hat mir in meinem Leben dabei geholfen, mir immer wieder bewusst zu machen, wo und wie meine Nahrungsmittel gewachsen sind.

Für 6–8 Personen
Für die Obstschicht
800 g Pfirsiche, Pflaumen und Heidelbeeren gemischt, halbiert und gegebenenfalls entsteint (nach Belieben auch ganze eingemachte Früchte verwenden)
½ Vanilleschote
1 TL Zitronensaft
Honig, je nach Reifegrad der Früchte mehr oder weniger großzügig

Für die Biskuitschicht
100 g weiche Butter
100 g feiner Rohrohrzucker
1 großes Ei
ausgeschabtes Mark von 1 Vanilleschote, ersatzweise Vanilleextrakt
100 g Vollkorn-Dinkelmehl, gesiebt
1 TL Backpulver
1–2 EL Vollmilch
Puderzucker aus Rohrohrzucker zum Bestäuben

Den Backofen auf 180 °C vorheizen. Eine Auflaufform mit 1 Liter Fassungsvermögen buttern.

Bei der Verwendung von frischen Früchten die vorbereiteten Pfirsiche und Pflaumen in einen Topf mit gut schließendem Deckel legen. Die Vanilleschote längs aufschlitzen und mit hineingeben, etwas Wasser und den Zitronensaft angießen und alles zugedeckt 10 Minuten köcheln lassen, dann vom Herd nehmen, abkühlen lassen und nach Belieben mit Honig abschmecken. Die vorgegarten Früchte in die Auflaufform geben. Sie sollten die Form höchstens bis zur halben Höhe füllen. Die Heidelbeeren darüber verteilen und die Form beiseitestellen, um die zweite Schicht zuzubereiten.

Für die Biskuitschicht die Butter mit dem Zucker schaumig rühren. Das Ei, die Vanille und 1–2 EL Mehl dazugeben und alles mit dem Handrührgerät zu einer feinen Schaummasse rühren. Das restliche Mehl mit dem Backpulver mischen und vorsichtig unter die Schaummasse ziehen, bis alles gut vermischt ist. Zum Schluss 1–2 EL Milch zugeben, sodass der Teig in weichen Tropfen vom Löffel fällt.

Den Teig über die Früchte verteilen und glatt streichen. Dabei aber nicht den Teig in die Früchte drücken. Das Ganze im heißen Ofen 25–30 Minuten goldgelb backen. Noch heiß mit Puderzucker bestäuben und mit Vanillesauce, Karamellcreme oder Schlagsahne direkt aus der Form servieren.

Natur-Milchreis

Dieser Milchreis bietet alles, was man sich von einem Dessert nur wünschen kann und noch mehr. Es erfüllt Ihre Küche mit warmen, aromatischen Duftnoten, ist nahrhaft, wohltuend und einfach umwerfend lecker. Dieses Rezept ist wohl eindeutig ein Nachtisch für den Herbst oder Winter, wenn der Körper nach Wärme verlangt. Das Rezept ergibt eine ziemlich große Menge, aber ich selbst esse den Milchreis auch sehr gerne am nächsten Morgen zum Frühstück.

Für 4–6 Portionen
200 g Rundkorn-Naturreis
½ TL Salz
1 Liter Vollmilch
2 EL Rohrohrzucker oder Vollrohrzucker
2 EL Honig
½ Vanilleschote, längs halbiert (alternativ gemahlene Vanille oder Vanilleextrakt)
1 Zimtstange
1 Prise gemahlener Kardamom
2 EL Butter
50 g Walnusskerne, gehackt, zum Garnieren

1 Liter Wasser zum Kochen bringen. Den Naturreis unter fließendem Wasser abbrausen und mit dem Salz ins kochende Wasser geben. Die Temperatur auf mittlere Stufe reduzieren und den Reis ohne Deckel unter gelegentlichem Rühren 30 Minuten köcheln lassen, dann abgießen und nach 10 Sekunden abseits der Kochstelle wieder in den Topf geben. Den Reis 10 Minuten quellen lassen, in eine Schüssel umfüllen und beiseitestellen.

Die Milch, den Zucker, den Honig, die Vanilleschote, die Zimtstange und den Kardamom in einen Topf geben und vorsichtig unter Rühren aufkochen. Den gegarten Reis und die Butter unter ständigem Rühren – wichtig, denn sonst könnte die Milch kochen und gerinnen – in die heiße Milch geben. Das Ganze etwa 30 Minuten auf kleinster Hitze köcheln lassen, bis die Milch eingekocht ist und der Reisbrei cremig wirkt. Den Milchreis mit den gehackten Walnusskernen bestreuen und mit Kompott anrichten.

Pflaumenkompott

Für 4–6 Portionen
10 große oder 15 kleine Pflaumen, halbiert und entsteint
150–200 ml Ahornsirup, je nach Süße der Pflaumen
2 Sternanis
4 Gewürznelken

Die Pflaumen, den Ahornsirup und 250 ml Wasser in einem Topf leicht aufkochen lassen. Die Gewürze dazugeben, Deckel auflegen, aber leicht geöffnet lassen. Das Obst in diesem herrlich aromatisierten Sirup in 15–20 Minuten weich dünsten.

Schwarze Beeren mit Mascarpone

Manchmal sind die simpelsten Dinge die besten. Dieses Dessert ist sehr leicht zuzubereiten, und die Kombination aus Beeren und sahniger Creme einfach umwerfend. Es handelt sich hier um eine leichte Abwandlung des klassischen Beeren-Sahne-Bechers. Denn durch das Erhitzen der Zutaten kommen die Aromen intensiver zur Geltung.

Für 8 Personen
1 kg Heidelbeeren und Brombeeren gemischt
500 g Mascarpone
ausgeschabtes Mark von 2 Vanilleschoten
3 große Eigelb
40 g Ahornsirup oder Honig

Den Backofen auf 200 °C vorheizen. Die Beeren in eine Auflaufform verteilen. Den Mascarpone mit dem Vanillemark, den Eigelben und dem Ahornsirup verrühren. Die Mascarpone-Creme mit einem Löffel über die Beeren streichen und dann alles etwa 5 Minuten im Ofen überbacken, bis der Mascarpone gerade zu bräunen beginnt. Sofort servieren.

Aprikosen-Soufflé

Dieses Dessert ist ein wunderbar leichter Abschluss einer Mahlzeit. Ich verwende dafür gern getrocknete Aprikosen. Sie sind noch aromatischer, und man kann man sie gut aufbewahren. Kleine Förmchen eignen sich für ein Soufflé besser als eine einzelne größere Auflaufform, denn es geht darin besser auf.

Für 4 Personen
225 g getrocknete Aprikosen
2 EL Honig
2 große Eier, zimmerwarm, plus 5 Eiweiß
2 EL Schlagsahne
ausgeschabtes Mark von ½ Vanilleschote
1 Prise Salz
Puderzucker aus Rohrohrzucker zum Bestäuben (nach Belieben)

Den Backofen auf 180 °C vorheizen. Vier kleine Soufflé-Förmchen einfetten.

Die Aprikosen in einem kleinen Topf mit Wasser bedecken, aufkochen und in etwa 20–25 Minuten weich köcheln. Die Aprikosen mit einem Schaumlöffel herausnehmen und in die Küchenmaschine geben und zusammen mit dem Honig, den Eigelben, der Sahne und dem Vanillemark zu einer glatten Paste verarbeiten. In einer Rührschüssel das Eiweiß mit dem Salz zu steifem Eischnee schlagen. Die Aprikosenmasse rasch und locker unter den Eischnee ziehen, das Ganze in die Förmchen gießen und etwa 25 Minuten im heißen Ofen backen.

Am Ende der Backzeit die Soufflés aus dem Ofen nehmen und nach Belieben mit Puderzucker bestäuben. Jedes Förmchen auf einen Teller stellen und die Soufflés sofort servieren.

Brombeer-Apfel-Pie

Dieser Kuchen erzählt eigentlich eine Geschichte aus meiner Kindheit. Tagelang war ich damals im Spätsommer unterwegs, um Brombeeren zu pflücken. Es machte mir immer großen Spaß – nicht nur weil die Beeren einfach lecker waren, sondern auch, weil es am Ende immer einen Brombeer-Apfel-Pie gab. Der Auflauf schmeckt auch mit einer Kombination aus Sommerfrüchten großartig, dabei sollten Sie allerdings bedenken, dass die Süße je nach Obstsorte variieren wird. Der Teig für dieses Rezept ist ziemlich butterhaltig und wird auch nicht auf die übliche Weise gemacht, indem das Fett mit dem Mehl verrieben wird, aber ich bin sicher, das Resultat wird Ihnen schmecken.

Für 8 Personen
230 g weiche Butter
50 g Puderzucker aus Rohrohrzucker
3 große Eier
310 g Vollkorn-Dinkelmehl, gesiebt
getrocknete Hülsenfrüchte zum Blindbacken
550 g Kochäpfel
200 g Brombeeren
180 g Honig
½ Vanilleschote, längs aufgeschnitten
etwas Milch
Zimt und Zucker zum Bestäuben (nach Belieben)

Für den Teig die Butter und den Puderzucker mit dem Handrührgerät cremig rühren. Dann 2 Eier unterrühren und alles in 1–2 Minuten zu einer feinen Schaummasse aufschlagen. Das Mehl unter die Schaummasse ziehen und alles zu einem glatten Teig verarbeiten. Den Teig auf ein Stück mit Mehl bestäubten Butterbrotpapiers geben, zu einer flachen Kugel formen, in Frischhaltefolie einpacken und mindestens 2 Stunden kalt stellen.

Den Backofen auf 180° C vorheizen. Den Teig aus dem Kühlschrank nehmen und in zwei Teile teilen, von denen einer doppelt so groß ist wie der andere. Das größere der beiden Stücke etwa 3 mm dick ausrollen und damit den Boden einer etwa 20 x 15 x 6 cm großen gebutterten Backform auslegen. Den Teig mehrfach mit einer Gabel einstechen, die Hülsenfrüchte einfüllen und das Ganze 25–30 Minuten blindbacken, bis sich der Teig goldgelb zu verfärben beginnt.

Inzwischen die Äpfel schälen, vierteln und in Scheiben schneiden. Am Ende der Backzeit die Hülsenfrüchte entfernen. Die Apfelscheiben in der Form verteilen und mit dem Honig beträufeln. Die Vanilleschote dazwischen legen und die Brombeeren darüberstreuen.

Das zweite Stück Teig genauso dick ausrollen und als Deckel für den Kuchen verwenden. Die Ränder zusammendrücken. Das restliche Ei mit der Milch verquirlen, den Teigdeckel damit bestreichen und mit Zimt und Zucker bestreuen. Den Auflauf im heißen Backofen 45–60 Minuten backen.

Den Auflauf mit hausgemachter Vanillesauce, Vanillecreme oder griechischem Joghurt anrichten.

SÜSSE TARTES UND BAISERS

Süße Tartes und feine Baisers sind sowohl einfach zuzubereiten als auch großartig in ihrer Wirkung. Sie passen zu einem Abendessen genauso gut wie zu einem sonntäglichen Menü, und eine üppige Pavlova macht Kinder und Erwachsene gleichermaßen glücklich. Zudem sind Tartes mit Obst eine wunderbare Methode der Früchteverwertung. Ich stelle hier einige Basisrezepte für Teige vor, die einfach zuzubereiten sind und zudem besonders geschmackvoll, weil sie mit Dinkel- und Roggenmehl gemacht werden. Die Baisers sind zwar glutenfrei, enthalten aber notwendigerweise Zucker, denn ohne den hätte man am Ende nur einen platten, zähen Pfannkuchen. Ich experimentiere gerne mit verschiedenen Zuckerarten und finde, die unraffinierten Zuckerarten sorgen für mehr Aroma und Farbe. Auch in diesem Kapitel stelle ich meine persönlichen Lieblingskombinationen vor. Verwenden Sie alles, was Ihnen an saisonalen Früchten zur Verfügung steht. Alle Baisers können als eine große Portion oder als Einzelportionen zubereitet werden. Bei Baisers geht es, wie ich finde, um die Komposition verschiedener Aromen und Texturen. Daher verwende ich dazu gern geröstete, gehobelte oder gehackte Nüsse.

Blitz-Blätterteig mit Dinkelmehl

Dieses Rezept ergibt eine recht große Menge Teig, aber ich mache immer gerne mehr davon, denn er hält sich im Kühlschrank problemlos mindestens drei Tage und im Gefrierschrank etwa einen Monat. Es lohnt sich, davon etwas in Reserve zu halten. So kann man immer rasch ein feines Dessert mit Blätterteig zaubern. Hat man den Bogen einmal heraus, stellt der Blitz-Blätterteig kein Problem dar.

Ergibt 1,2 kg
500 g helles Dinkelmehl, gesiebt
500 g sehr kalte Butter, in kleine Würfel geschnitten
1 TL feines Meersalz

Das Mehl auf eine saubere, trockene Arbeitsfläche geben und in die Mitte eine Mulde drücken. Die gewürfelte Butter und das Salz in die Mulde geben. Mit den Fingerspitzen einer Hand die Butter mit etwas Mehl krümelig verkneten, während die andere Hand von den Seiten langsam Mehl nachschiebt.

Wenn die Butterwürfel sich verkleinert haben und der Teig etwa die Konsistenz grober Semmelbrösel aufweist, nach und nach 250 ml eiskaltes Wasser einarbeiten. Der Teig darf nicht zu stark geknetet werden, sonst wird er hart. Er sollte marmoriert aussehen und leicht binden, dabei aber nicht klebrig sein. Den Teig zu einer Kugel formen und in Frischhaltefolie gewickelt mindestens 30 Minuten in den Kühlschrank legen.

Die Arbeitsfläche mit Mehl bestäuben und den Teig zu einem 20 x 40 cm großen Rechteck ausrollen. Den Teig dreifach falten und um 90° drehen. Erneut rechteckig ausrollen und wie zuvor dreifach falten. In Frischhaltefolie einpacken und wieder 30 Minuten kalt stellen.

Nach dem Kühlen diesen Vorgang – ausrollen, dreifach falten, drehen – noch zweimal wiederholen, sodass das Ganze am Ende viermal durchgeführt wurde. Vor der weiteren Verarbeitung nochmals 30 Minuten kühlen.

Blitz-Roggenteig

Dieser köstliche Blitz-Roggenteig ist mit seinem süßlich-saftigen Charakter eine wunderbare Ergänzung zu Obst, und so verwende ich ihn beispielsweise für meine von Hand geformten Tartes, zuweilen auch »Gallette« genannt (siehe Seite 115).

Ergibt 600 g oder genug für zwei frei geformte Tartes
120 g Roggenmehl
120 g helles Dinkelmehl
1 TL Zucker (oder Honig)
1 TL Salz
175 g kalte Butter, gewürfelt
1 TL Apfelessig

Die beiden Mehlsorten in eine große Rührschüssel sieben, Zucker und Salz untermischen. Die Butterwürfel dazugeben und mit den Fingerspitzen mit dem Mehl verreiben, sodass einige Stücke größer, einige kleiner sind. Rasch arbeiten, denn die Butter darf nicht warm werden.

Den Essig und 8 EL eiskaltes Wasser dazugeben und den Teig mit den Fingerspitzen von außen nach innen kneten. Dann mit den Händen zu einer Kugel formen. Sollte der Teig zu trocken sein und nicht binden, einen weiteren EL Wasser dazugeben. Die Teigkugel auf Frischhaltefolie legen, mit etwas eiskaltem Wasser besprenkeln und gut einpacken. Mindestens 1 Stunde oder über Nacht kalt stellen.

Den Teig aus der Folie nehmen und auf einer leicht bemehlten Arbeitsfläche auf etwa 20 x 28 cm ausrollen. Es macht nichts, wenn der Teig noch leicht krümelig wirkt, er wird beim Ausrollen binden.

Den Teig wie einen Briefbogen zweimal zusammenfalten, wieder in seine ursprüngliche längliche Form ausrollen und erneut falten. Das Ganze ein drittes Mal wiederholen, den Teig dann wieder in die Frischhaltefolie packen und nochmals 1 Stunde oder über Nacht kalt stellen.

Ein Wort zu alten Getreidesorten

Wird eine Nahrungsmittelpflanzenart über Generationen hinweg auf Ernteertrag, Glutengehalt oder Lagerfähigkeit gezüchtet, dann ist es unvermeidlich, dass sich diese Frucht verändert, und zwar in einer Weise, wie man es sich vor 60 Jahren, als die Entwicklung von Züchtungen auf industriellem Niveau ihren Ausgang nahm, noch nicht hätte vorstellen können. Heute sind wir uns dessen bewusst, dass traditionelle Nahrungsmittelpflanzen das Ergebnis einer Jahrtausende dauernden Auslese sind. Unsere Vorfahren bauten Pflanzen an und bewahrten deren Samen auf. So sicherten sie ihr Überleben.
Ich verwende besonders gerne Dinkelmehl. Dinkel ist eine alte Kulturform des Weizens und enthält sehr viel weniger Gluten und viel mehr Nährstoffe als die modernen Weizenmehle. In der Ernährungslehre der heiligen Hildegard von Bingen gilt er als eine Art Allheilmittel. Tatsächlich wird Dinkel trotz seines Glutengehalts von vielen Allergikern vertragen.
Auch Nussmehle, vermahlener Presskuchen, der bei der Ölherstellung anfällt, sind eine fantastische traditionelle Alternative zu dem üblichen Weißmehl, ebenso Kastanienmehl, das einen wunderbaren Eigengeschmack aufweist, glutenfrei ist und zahlreiche essentielle Aminosäuren enthält.

Dinkel-Mürbeteig

Ein Mürbeteig aus Dinkelmehl, wie er einfacher nicht sein könnte. Auch aromatisiert schmeckt er wunderbar, beispielsweise mit abgeriebener Orangen- oder Zitronenschale, fein gehacktem Rosmarin oder Thymian und sogar Lavendel.

Reicht für eine Obstkuchenform (24 cm Durchmesser) oder sechs Tortelettförmchen (10 cm Durchmesser)
250 g helles Dinkelmehl, gesiebt
1 Prise Salz
90 g kalte Butter, gewürfelt
50 g Puderzucker aus Rohrohrzucker (oder 1 Prise Stevia-Pulver, nach Belieben)
2 große Eigelb
nach Bedarf Hülsenfrüchte zum Blindbacken

Das Mehl mit dem Salz und den Butterwürfeln in einer Küchenmaschine zu einer krümeligen Masse verkneten. Die Eigelbe und gegebenenfalls den Zucker zugeben und erneut kneten. Der Teig sollte rasch binden und sich vom Schüsselrand lösen. Den Teig zu einer Kugel formen, in Frischhaltefolie verpacken und mindestens 1 Stunde in den Kühlschrank legen.

Den Backofen auf 180 °C vorheizen. Den Teig mit einer groben Reibe in eine gefettete Obstkuchenform (25 cm Durchmesser) oder sechs Tortelettförmchen (10 cm Durchmesser) reiben und gleichmäßig unten und an den Rändern andrücken. Den Tarteboden mehrmals mit einer Gabel einstechen und weitere 10 Minuten kalt stellen. Ein Stück Backpapier auf die Größe des Bodens zuschneiden, fest zusammenknüllen, vorsichtig wieder öffnen und auf den Teig legen. Getrocknete Hülsenfrüchte zum Blindbacken darauf verteilen und den Boden im Backofen 12 Minuten vorbacken. Die Hülsenfrüchte vorsichtig abnehmen und den Boden weitere 5 Minuten backen, bis der Teig leicht goldgelb ist.

Varianten

- Abgeriebene Schale einer Bio-Orange zum Teig geben.
- Abgeriebene Schale einer Bio-Zitrone zum Teig geben.
- 2 EL fein gehackte Rosmarinnadeln zum Teig geben.
- Statt hellem Dinkelmehl 250 g Dinkelvollkornmehl verwenden.

Himbeer-Mandel-Torte

Eine wunderbare Obsttorte für ein Picknick oder als Dessert. Sie geht ganz einfach und sieht klasse aus. Die leckere Mandelfüllung passt hervorragend zu den frischen, süßen und doch leicht säuerlichen Himbeeren.

ERGIBT 12 STÜCKE
200 g weiche Butter
200 g gemahlene Mandeln
3 große Eier, leicht verquirlt
200 g Ahornsirup
1 Dinkel-Mürbeteigboden (25 cm Durchmesser, siehe Seite 105), fertig gebacken und ausgekühlt, aber noch in der Form
450 g Himbeeren
Puderzucker aus Rohrohrzucker zum Bestäuben (nach Belieben)

Den Backofen auf 150 °C vorheizen.

In einer großen Rührschüssel die Butter in 3–4 Minuten mit dem Handrührgerät cremig aufschlagen. Ist die Butter zu weich, einige EL gemahlene Mandeln unterrühren. Die übrigen gemahlenen Mandeln, die Eier und den Ahornsirup dazugeben und vorsichtig unterziehen, bis alles gut vermischt ist.

Die Masse auf den Tarteboden in der Form streichen und im heißen Ofen 40 Minuten backen. Aus dem Ofen nehmen und auf einem Kuchengitter erkalten lassen. Den abgekühlten Boden aus der Form nehmen und die Himbeeren darauf verteilen. Nach Belieben mit etwas Puderzucker bestäubt.

Pflaumentarte mit Orangenblütenjoghurt und Orangensirup

Dieser sommerlich-feine Obstkuchen ist ein tolles Dessert für Gäste. Er schmeckt mit jeder beliebigen Pflaumensorte, aber die kleineren, süßeren Früchte eignen sich besonders gut. Eigentlich schmeckt diese Tarte schon im Soloauftritt einfach fantastisch, aber kombiniert mit dem aromatisierten Joghurt und dem Sirup ist sie einfach umwerfend.

Für 6 Personen
3 Pflaumen, halbiert und entsteint
180 g Honig
90 g weiche Butter
35 g helles Dinkelmehl, gesiebt
2 große Eier
125 g gemahlene Mandeln
fein abgeriebene Schale von ½ Bio-Zitrone
½ TL Backpulver
Orangenblütenjoghurt (siehe Seite 177), zum Anrichten

Für den Orangensirup
200 ml Orangensaft
100 g Honig
1 Sternanis

Den Backofen auf 170 °C und den Grill auf höchste Stufe vorheizen. Ein kleines Backblech mit Alufolie auslegen und eine rechteckige Tarteform (35 x 10 cm) leicht einfetten.

Die Pflaumen auf das Backblech legen, mit 60 g Honig beträufeln und einige Minuten unter dem Grill backen – sie sind fertig, wenn sie brutzeln und die Ränder dunkel werden. Aus dem Backofen nehmen und beiseitestellen.

In einer großen Rührschüssel die Butter etwa 4 Minuten mit dem Handrührgerät cremig aufschlagen. 2–3 EL Mehl dazugeben und kurz unterrühren. Dann nacheinander die Eier dazugeben und nochmals etwa eine Minute zu einer Schaummasse aufschlagen. Das restliche Mehl, das Backpulver, die gemahlenen Mandeln, die Zitronenschale und den restlichen Honig dazugeben und locker unterheben, bis alles gut vermengt ist.

Die Masse in die vorbereitete Tarteform geben, die Pflaumenhälften in gleichmäßigen Abständen hineindrücken und den Kuchen 30 Minuten backen, bis bei der Garprobe kein Teig mehr haften bleibt. Am Ende der Backzeit aus dem Ofen nehmen und zum Abkühlen beiseitestellen.

In der Zwischenzeit für den Sirup alle Zutaten in einen kleinen Topf geben, aufkochen und 10 Minuten köcheln lassen, bis die Flüssigkeit leicht eingedickt ist.

Die Tarte warm mit dem Orangenblütenjoghurt und dem Sirup anrichten.

Tarte Tatin

Mit diesem klassischen Rezept liegt man eigentlich nie falsch – was sollte man auch an karamellisierten Äpfeln und hausgemachtem Teig nicht mögen können? Dazu etwas Sahne oder Crème fraîche, und schon wird aus dieser schlichten Tarte ein geradezu erhabener Genuss.

Ergibt 8 Stücke
5 Tafeläpfel, geschält, halbiert und das Kerngehäuse entfernt
Saft von ½ Zitrone
120 g weiche Butter
160 g Ahornsirup oder Honig
ausgeschabtes Mark von ½ Vanilleschote
200 g Blitz-Blätterteig aus Dinkelmehl (siehe Seite 102)

Die vorbereiteten Äpfel in eine Schüssel legen und mit dem Zitronensaft beträufeln. Eine etwa 22–24 cm große ofenfeste Pfanne oder auch eine Tarteform mit Butter ausstreichen und den Ahornsirup oder Honig sowie das Vanillemark hineingeben.

Die Äpfel mit der runden Seite nach unten in die Pfanne oder Form legen. Dabei von außen zur Mitte arbeiten.

Den Teig auf einer leicht bemehlten Arbeitsfläche etwa 3 mm dick ausrollen. Er sollte im Durchmesser etwa 3 cm größer sein als die Form. Den Teig an fünf oder sechs Stellen mit einer Gabel leicht einstechen, mithilfe einer Teigrolle anheben und vorsichtig über die Äpfel legen – er sollte ungefähr 4 cm über die Äpfel hinausreichen. Das Ganze etwa 30 Minuten kalt stellen.

Den Backofen auf 190 °C vorheizen. Die Pfanne mit den Äpfeln auf den Herd stellen und bei mittlerer bis großer Hitze etwa 10 Minuten erhitzen. So können die Äpfel karamellisieren, ohne zu verbrennen – sie sollten eine schöne, tief goldgelbe Farbe annehmen. Achten Sie darauf, dass das Karamell nicht anbrennt. Dazu vorsichtig mit einer Messerspitze den Teig anheben.

Die Pfanne in den vorgeheizten Ofen schieben und die Tarte Tatin 30 Minuten backen. Aus dem Ofen nehmen und 2–3 Minuten ruhen lassen. Einen ausreichend großen Teller umgedreht auf die Pfanne oder die Form legen. Dann mithilfe eines trockenen Geschirrtuchs als Hitzeschutz Pfanne und Teller rasch umdrehen (vorsicht, der karamellisierte Saft ist sehr heiß!) und beides auf die Arbeitsfläche stellen. Langsam die Pfanne wegnehmen. Sollten die Äpfel beim Stürzen der Pfanne etwas verrutscht sein, einfach mit der Messerspitze wieder an ihren Platz rücken.

Die Tarte Tatin mit Sahne oder Crème fraîche heiß anrichten.

Aprikosen-Mandel-Tarte

Aprikosen und Mandeln sind wie füreinander geschaffen, wie ich finde. Beide gedeihen auf sonnigen Hängen in warmen, trockenen Gefilden und kombiniert in einem Kuchen sind sie ein wahrer Hochgenuss. Man kann dieses Rezept als einen großen Obstkuchen oder als kleine Torteletts zubereiten.

Ergibt 12 Portionen
200 g weiche Butter
200 g gemahlene Mandeln
2 große Eier, leicht verquirlt
200 g Honig
abgeriebene Schale und Saft von 1 großen Bio-Zitrone
1 Dinkel-Mürbeteigboden (25 cm Durchmesser, siehe Seite 105), fertig gebacken und ausgekühlt, aber noch in der Form
400 g reife Aprikosen, halbiert und entsteint

Den Backofen auf 150 °C vorheizen.

In einer großen Rührschüssel die Butter mit dem Handrührgerät cremig aufschlagen. Ist die Butter zu weich, einige EL gemahlene Mandeln unterrühren. Die übrigen gemahlenen Mandeln, die Eier, den Honig, die abgeriebene Schale und den Saft der Zitrone dazugeben und vorsichtig unterziehen, bis alles gut vermischt ist.

Die Masse auf den Tarteboden in der Form streichen, die Aprikosenhälften hineindrücken und die Tarte im Ofen 50 Minuten backen. Am Ende der Backzeit die Tarte aus dem Ofen nehmen und auf einem Kuchengitter auskühlen lassen, erst dann aus der Form nehmen.

Ein Wort zur Reife

In der Vergangenheit wurden die meisten landwirtschaftlichen Erzeugnisse erst geerntet, wenn sie richtig reif waren und dann unweit ihres Ursprungsorts verzehrt und verarbeitet. Heute werden viele Getreide- und Obstsorten schon lange vor ihrer eigentlichen Reife geerntet, was unweigerlich zu einer Verringerung ihres Nährstoffgehalts führt. So kann vorzeitig geerntetes Obst und Gemüse durch fehlende Sonneneinstrahlung weniger Nährstoffe wie beispielsweise Anthocyane oder Polyphenole entwickeln – Verbindungen, die bei Früchten für Farbe und Aroma sorgen und als Antioxidantien den Menschen vor Zellabbau im Gehirn und Krebs schützen können.

Man kann leicht nachvollziehen, dass am Baum gereifte Früchte etwas Besonderes sind – jedenfalls verglichen mit unreif geernteten Früchten, die vor ihrer Reifung eine lange Reise hinter sich haben. Im letzten Stadium der Fruchtreifung entwickeln sich Polysaccharide, und diese sind der Schlüssel für ein starkes, gesundes Immunsystem. Die sicherste Methode, natürlich und voll ausgereiftes Obst und Gemüse zur Verfügung zu haben, wäre der Anbau im eigenen Garten. Das aber ist oft nicht möglich, insbesondere wenn man, wie ich selbst, ein betriebsames Leben in der Stadt führt. Meine Lösung besteht darin, Wochen- und Bauernmärkte zu besuchen, wo man saisonales und ausgereiftes Obst und Gemüse findet, das oft aus der unmittelbaren Umgebung und direkt vom Bauernhof kommt.

Feigen-Mascarpone-Torteletts

Feigen und Mascarpone sind eine himmlische Kombination, vor allem in Verbindung mit einem Mürbeteig, der mit Orange aromatisiert ist. Diese kleinen Torteletts sind ein ideales Dessert an einem lauen langen Sommerabend.

Für 6 Personen
1 Rezept Dinkel-Mürbeteig mit Orange (siehe Seite 105)
6 reife Feigen, geviertelt
1 TL Butter
etwas Honig

Für die Creme
500 g Mascarpone
3 große Eigelbe
150 g Ahornsirup
½ Vanilleschote, längs halbiert und das Mark herausgeschabt
Zesten einer Bio-Orange und einige essbare Sommerblüten zum Dekorieren

Den Backofen auf 180 °C vorheizen. 6 Tortelettförmchen (10 cm Durchmesser) einfetten.

Die vorbereitete Mürbeteigkugel in sechs gleich große Stücke zerteilen. Jede Portion in ein vorbereitetes Förmchen geben und vorsichtig unten und an den Seiten andrücken. Die Böden mehrmals mit einer Gabel einstechen und mindestens 10 Minuten kühl stellen.

Die Torteletts im heißen Ofen 15 Minuten goldgelb backen, dann herausnehmen und zum Abkühlen beiseitestellen. Die Backofentemperatur auf 140 °C reduzieren.

In einer großen Rührschüssel den Mascarpone, die Eigelbe, den Ahornsirup und das Vanillemark mit dem Handrührgerät glatt verrühren. Kalt stellen.

In der Zwischenzeit die geviertelten Feigen in eine kleine ofenfeste Form legen und auf jedes Viertel ein kleines Stückchen Butter und einen Tropfen Honig geben. Die Feigen 10–20 Minuten im Ofen backen. Sie sollten gut gegart und an den Rändern gebräunt sein, aber noch nicht zusammenfallen.

In jedes Tortelett etwas Mascarpone-Creme geben und die Feigen darauf verteilen. Mit dem beim Backen ausgetretenen Saft beträufeln.

Die Torteletts mit den Orangenzesten und den Blüten dekorieren und sofort servieren.

Sommerliche Früchtetartes

Diese handgeformten Tartes machen viel Spaß bei der Zubereitung und sehen wunderbar rustikal aus. Man kann die unterschiedlichsten Früchtekombinationen verwenden – je nach Jahreszeit bietet sich eine andere Füllung an. Wenn Sie die Kruste mit Gewürzen und Demerara-Zucker bestreuen, bekommt das Ganze noch mehr Pep.

Für 8 Personen
900 g reife Aprikosen, halbiert und entsteint
2–4 EL Honig, nach Geschmack
300 g Aprikosenmarmelade
180 g Sommerbeeren
1 Rezept Blitz-Roggenteig (siehe Seite 104)
1 Prise gemahlener Zimt

Für die Glasur
1 großes Ei
50 g Rohrohrzucker nach Belieben
½ TL gemahlener Zimt

Die Aprikosen mit dem Honig und 100 g Aprikosenmarmelade in eine Schüssel geben. Die Beeren mit weiteren 100 g Aprikosenmarmelade in einer kleineren Schüssel vorsichtig verrühren, sodass die Beeren nicht zerdrückt werden.

Den Teig halbieren und eine der Hälften in den Kühlschrank legen. Die andere Hälfte auf einer leicht bemehlten Arbeitsfläche auf etwa 38 cm Durchmesser ausrollen. Den ausgerollten Teig vorsichtig auf ein mit Backpapier ausgelegtes Backblech legen. Mit der zweiten Teighälfte ebenso verfahren.

Die Hälfte der restlichen Aprikosenmarmelade in die Mitte einer der beiden Teigplatten geben und die Hälfte der Aprikosen und der Beeren darauf verteilen. Vorsichtig an einer Stelle beginnend den Teig nach innen über die Früchte falten, diese aber nicht abdecken. Ringsum so fortfahren, sodass sich der Teig rundum in rustikale Falten legt. Für die zweite Tarte das Ganze wiederholen.

Die Tartes auf Backbleche geben und mindestens 1 Stunde kalt stellen. So behalten sie beim Backen besser ihre Form. Man kann sie aber auch nacheinander weiterverarbeiten.

Den Backofen auf 180 °C vorheizen.

In der Zwischenzeit die Glasur zubereiten. Dazu das Ei in einer kleinen Schüssel verquirlen. Wird Zucker verwendet, diesen in einer zweiten Schüssel mit dem Zimt vermischen. Vor dem Backen jede Tarte mit dem verquirlten Ei bepinseln und nach Geschmack mit Zimt und Zucker oder nur mit Zimt bestreuen. Die Tartes im heißen Ofen mindestens 1 Stunde backen. Sie sind fertig, wenn die Kruste goldbraun ist und die Füllung kräftig brodelt. Direkt aus dem Ofen oder leicht abgekühlt servieren. Am besten schmecken sie noch am selben Tag.

Tarte Tatin mit Birnen und Kardamom

Diese Tarte gehört zu meinen Favoriten (siehe auch die Fotos auf den Seiten 118–119): Karamell von Butter und Ahornsirup, warme Gewürznoten durch Vanille und Kardamom, dazu noch duftig süße Birnen und all das auf einem wunderbar zarten Blätterteig.

Für 6 Personen
6 mittelgroße Birnen (Sorte Conference), geschält, halbiert und das Kerngehäuse entfernt
Saft von ½ Zitrone
1 Vanilleschote
120 g Butter, leicht zerlassen
150 g Ahornsirup
4 Kardamomkapseln, leicht zerdrückt
200 g Blitz-Blätterteig mit Dinkelmehl (siehe Seite 102) oder Tiefkühlware

Den Backofen auf 200 °C vorheizen. Die vorbereiteten Birnen in eine Schüssel legen und mit dem Zitronensaft beträufeln. Die Vanilleschote längs aufschlitzen und das Mark herausschaben.

Die Butter mit dem Ahornsirup in einer etwa 22–24 cm großen, ofenfesten Pfanne oder, wenn vorhanden, einer Tarte-Tatin-Form stark erhitzen. Wenn die Mischung zu zischen und zu blubbern beginnt und dunkler wird, die Birnen mit der Schnittfläche nach oben in die Pfanne legen und das Vanillemark darauf verteilen. Das Ganze bei mittlerer Hitze 5–6 Minuten garen, dabei die Pfanne hin und wieder schwenken, damit die Birnen nicht anbacken. Vorsicht, sie verbrennen leicht. Sollten Butter und Ahornsirup dabei zu stark bräunen, einfach die Temperatur reduzieren. Am Ende der Garzeit die Pfanne vom Herd nehmen und die Kardamomkapseln sowie die Vanilleschote zu den Birnen geben.

Den Teig auf einer leicht bemehlten Arbeitsfläche etwa 3 mm dick ausrollen. Er sollte im Durchmesser etwa 3 cm größer sein als die Form. Den Teig mithilfe der Teigrolle anheben und vorsichtig über die Birnen legen. Den überstehenden Rand mit einer Messerspitze seitlich in die Pfanne drücken. (Vorsicht, die Pfanne ist heiß!)

Die Pfanne in den Ofen schieben und die Tarte 30 Minuten backen, bis der Teig aufgegangen und goldgelb ist. Am Ende der Backzeit die Pfanne aus dem Ofen nehmen und die Tarte 2–3 Minuten ruhen lassen. Eine ausreichend große Platte umgedreht auf die Pfanne oder die Form legen. Dann mithilfe eines trockenen Geschirrtuchs als Hitzeschutz Pfanne und Teller rasch umdrehen. Achtung, der karamellisierte Saft ist sehr heiß! Beides auf die Arbeitsfläche stellen und die Pfanne langsam abnehmen. Sollten die Birnen beim Stürzen der Pfanne etwas verrutscht sein, einfach mit der Messerspitze wieder an ihren Platz rücken.

Die Tarte Tatin heiß servieren. Sie schmeckt köstlich mit halbsteif geschlagener Sahne.

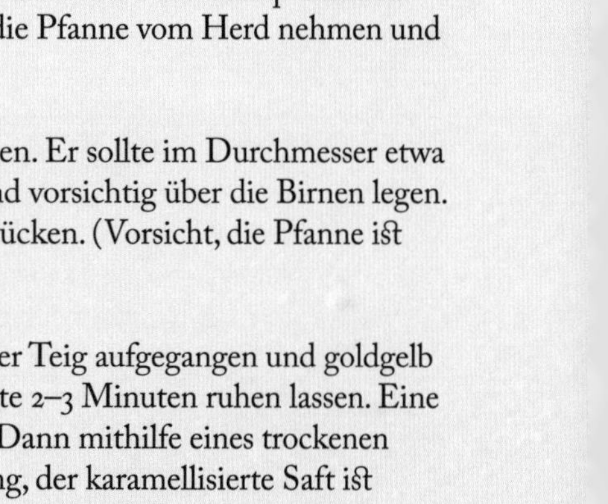

Birnen-Tarte mit Mandelkruste

Eine feine und doch unglaublich leicht zuzubereitende Tarte. Birnen und Mandeln sind eine geniale Kombination. Dazu etwas Crème fraîche, und das Kuchenglück ist perfekt.

Ergibt 12 Stücke
3 kleine reife Birnen (gut geeignet ist die Vereinsdechantsbirne, auch Comice genannt), geschält, halbiert und Kerngehäuse entfernt
1 Rezept Dinkel-Mürbeteigboden mit Orange (25 cm Durchmesser, siehe Seite 105), fertig gebacken und ausgekühlt, aber noch in der Form
200 g weiche Butter
200 g gemahlene Mandeln
2 große Eier, leicht verquirlt
200 g Ahornsirup

Den Backofen auf 150 °C vorheizen. Die vorbereiteten Birnen mit der Schnittfläche nach unten auf den Tarteboden in der Form legen.

In einer großen Rührschüssel die Butter 3–4 Minuten mit dem Handrührgerät cremig aufschlagen. Ist die Butter zu weich, einige EL gemahlene Mandeln unterrühren. Die restlichen gemahlenen Mandeln, die Eier und den Ahornsirup dazugeben und vorsichtig unterziehen, bis alles gut vermischt ist.

Die Masse mit dem Löffel über die Birnen in der Form verteilen und im heißen Ofen 50 Minuten backen. Die fertige Tarte aus dem Ofen nehmen und auf einem Kuchengitter auskühlen lassen.

Nach Belieben mit etwas Crème fraîche anrichten.

Zitronen-Mascarpone-Tarte

Der Mascarpone verleiht dieser Tarte eine cremigere, sanftere Konsistenz. Außerdem schmeckt sie weniger säuerlich als eine klassische Tarte au citron. Ich finde beide Varianten klasse, stelle aber fest, dass ich doch häufiger auf dieses Rezept zurückgreife.

ERGIBT 10–12 STÜCKE
fein abgeriebene Schale und Saft von 4 Bio-Zitronen
4 große Eier und 4 Eigelbe
200 g Mascarpone
215 g Ahornsirup oder Honig
1 Dinkel-Mürbeteigboden (25 cm Durchmesser, siehe Seite 105), fertig gebacken und ausgekühlt, aber noch in der Form
Puderzucker aus Rohrohrzucker zum Bestäuben (nach Belieben)

Den Backofen auf 150 °C vorheizen.

Den Zitronensaft und die Zitronenschale in einer kleinen Schüssel verrühren. In einer zweiten Schüssel die ganzen Eier und die Eigelbe schaumig rühren.

In einer dritten Schüssel den Mascarpone cremig glatt rühren und dann zusammen mit dem Ahornsirup unter die Eimasse ziehen. Die Zitronenmischung dazugeben und alles gründlich vermengen.

Die Mischung auf den Tarteboden in der Form gießen und im heißen Ofen 50 Minuten bis 1 Stunde backen. Am Ende der Backzeit den Kuchen aus dem Ofen nehmen und auskühlen lassen. Nach dem Abkühlen aus der Form nehmen und nach Belieben mit Puderzucker bestäuben.

Ein Wort zu Ahornsirup

Hochwertiger Ahornsirup ist ein reines Naturprodukt. Er ist süßer als Rohrzucker und hat weniger Kalorien. Ahornsirup enthält Mangan, Zink und natürliche Antioxidantien, was sich positiv auf das Immunsystem auswirkt, und ist zudem ein langsamer Energielieferant. Guter Ahornsirup kann recht teuer sein, aber es lohnt sich!

Blutorangen-Rosmarin-Tarte

Orangen und Rosmarin, eine ungewöhnliche, aber überzeugende Kombination, bringen in dieser feinen Tarte ihre Aromen wunderbar zur Geltung. Rosmarin ist eines meiner Lieblingskräuter – er schmeckt gut als Tee und hat viele heilende Eigenschaften. Ich bin in vielen Sommern durch spanische Landschaften gewandert, in denen Rosmarin wild wächst. In Desserts findet man ihn eher selten, dabei passt er oft sehr gut. In Italien zum Beispiel streut man Rosmarin über den Maronenkuchen – auch eine tolle Kombination. Wenn es gerade keine Blutorangen gibt, kann man normale Orangen verwenden.

Ergibt 10–12 Stücke
abgeriebene Schale von 3 und Saft von 5 Bio-Blutorangen
2 Zweige Rosmarin
120 g Ahornsirup
4 große Eier und 6 Eigelbe
200 g weiche Butter
1 Rezept Dinkel-Mürbeteigboden mit Rosmarin (25 cm Durchmesser, siehe Seite 105), fertig gebacken und ausgekühlt, aber noch in der Form

Den Backofen auf 230 °C vorheizen.

Den Orangensaft mit den Rosmarinzweigen in einem Topf aufkochen und 10–15 Minuten köcheln lassen, bis der Saft fast um die Hälfte eingekocht ist. Vom Herd nehmen und 10–15 Minuten abkühlen lassen.

Die abgeriebene Orangenschale, den Ahornsirup, die Eier und die Eigelbe zum Orangensaft geben und alles mit dem Handrührgerät zu einer gleichmäßigen Masse verrühren.

Den Topf langsam und sehr vorsichtig erhitzen. Sobald die Mischung heiß wird, dickt sie ein. Wenn sie dickflüssig genug ist, um am Löffelrücken haften zu bleiben, die Butter zugeben und weiterrühren, bis das Ganze sehr dickflüssig ist. Während der gesamten Kochzeit ununterbrochen weiterrühren, damit die Masse nicht gerinnt. Die Temperatur darf nicht zu hoch sein, weil die Masse dann ebenfalls gerinnt. Sobald die gewünschte Konsistenz erreicht ist, den Topf vom Herd nehmen und auf eine kalte Unterlage stellen. Solange weiterrühren, bis die Masse nur noch lauwarm ist.

Die Orangen-Eier-Masse auf den Tarteboden in der Form geben und die Tarte im heißen Ofen in 10 bis 15 Minuten goldbraun backen. Am Ende der Backzeit die Tarte aus dem Ofen nehmen und abkühlen lassen, bevor sie aus der Form genommen wird.

Kokostarte mit Passionsfruchtcreme

Passionsfrüchte sind ein echter Genuss, in Kombination mit Kokosnuss aber wird daraus eine himmlische Gaumenfreude. Diese Tarte ist schnell gemacht und doch irgendwie anders als andere.

Ergibt 10–12 Stücke
2 große Eier
fein abgeriebene Schale und Saft von 1 Bio-Zitrone
200 g Ahornsirup
370 g Schlagsahne
200 g ungesüßte Kokosraspel
1 Dinkel-Mürbeteigboden (25 cm Durchmesser, siehe Seite 105), fertig gebacken und ausgekühlt, aber noch in der Form

Für die Passionsfruchtcreme
200 g Crème fraîche
300 g Schlagsahne
100 g Ahornsirup
5 Passionsfrüchte, halbiert, entkernt und das Fruchtfleisch herausgeschabt

Den Backofen auf 160 °C vorheizen.

In einer großen Rührschüssel die Eier, die Zitronenschale und den Ahornsirup mit dem Handrührgerät 2 Minuten schaumig schlagen. Dann behutsam die Sahne unterrühren, den Zitronensaft dazugeben und zuletzt die Kokosraspel unterziehen.

Die Masse auf den Tarteboden in der Form gießen und im vorgeheizten Ofen in etwa 40 Minuten goldgelb backen. Am Ende der Backzeit aus dem Ofen nehmen und auskühlen lassen. Die Tarte sollte vor dem Servieren mindestens 1 Stunde fest werden.

Für die Passionsfruchtcreme die Crème fraîche, die Sahne, den Ahornsirup und den Mascarpone in eine Schüssel geben und halbsteif schlagen. Dann das Fruchtfleisch der Passionsfrüchte unterziehen. Die Creme zur Tarte reichen.

Tipps für feine Baisers

Baisers sind Geschmackssache. Ich mag sie gern ein wenig weich, andere dagegen bevorzugen sie knackig-zart. Je größer die Baisers sind, desto länger sollten sie im Backofen bleiben. Sind sie aber fertig gebacken, können sie problemlos auch über Nacht in der Resthitze stehen bleiben.

Verwenden Sie stets eine absolut saubere und fettfreie Schüssel aus Metall, Glas oder Keramik. Ein eventueller Fettfilm lässt sich mit der Schnittfläche einer halben Zitrone entfernen, dann mit Küchenpapier nachreiben.

Baiser gelingt am besten mit einem Handrührgerät oder einer Küchenmaschine wie der Kitchenaid.

Schüssel und Schneebesen müssen absolut trocken sein – Baisers vertragen keinerlei Wasser.

Die Zugabe von etwas Apfelessig lässt das Baiser feinporig und fest werden.

Die Zugabe von Speisestärke lässt das Baiser außen knuspriger werden.

Den Zucker unter ständigem Rühren mit viel Geduld sehr, sehr langsam zugeben. Das wird etwa 10 Minuten dauern.

Alle Zutaten sollten Zimmertemperatur haben, insbesondere die Eier.

Das verwendete Backblech sollte mit einem hochwertigen Backpapier ausgelegt werden, um das Risiko zu mindern, dass die Baisers ankleben, wie es bei fettundurchlässigem Papier der Fall sein könnte. Sollte nur fettundurchlässiges Papier zur Verfügung stehen, dieses leicht einfetten. Falls die Papierränder nicht am Boden anliegen, einfach mit etwas Baisermasse ankleben.

Wenn mehr als ein großes Baiser gleichzeitig gebacken wird, sollte zwischendurch das Blech gedreht werden, damit die Baisers überall gleichmäßig backen und von allen Seiten knusprig werden.

Stufige Sommerbeeren-Pavlova

Diese beeindruckende Baisertorte ist eindeutig etwas Feines für ein Sommerfest, ob Party, Geburtstag oder sogar Hochzeit. Zu welcher Gelegenheit auch immer, sie wird der absolute Hingucker sein.

Für 10–12 Personen
4 TL Speisestärke
4 TL Apfelessig
8 große Eiweiß
1 Prise Salz
350 g feiner Rohrohrzucker
2 TL Vanilleextrakt, ersatzweise gemahlene Vanille oder das ausgekratzte Mark einer Vanilleschote

Für die Füllung
600 g Schlagsahne
4 EL Ahornsirup
ausgeschabtes Mark von 1 Vanilleschote, ersatzweise 2 TL Vanilleextrakt
600–800 g gemischte weiche Früchte (Heidelbeeren, Himbeeren, Johannisbeeren, Erdbeeren, Kirschen)
Puderzucker aus Rohrohrzucker zum Bestäuben

Den Backofen auf 200 °C vorheizen. Zwei Backbleche mit Backpapier auslegen und drei Kreise aufzeichnen (10, 18 und 25 cm Durchmesser). Das geht am besten mithilfe entsprechend großer Schüsseln und Teller.

Die Speisestärke und den Apfelessig klumpenfrei verrühren. In einer großen, sauberen Schüssel das Eiweiß mit dem Salz zu Eischnee schlagen. Dann abwechselnd jeweils 1 EL Zucker und etwas Essigmischung unterziehen und alles gut miteinander verbinden. Die Baisermasse sollte glatt, fest und glänzend sein. Die Vanille unterziehen. Dann mit einem großen Löffel oder einem Küchenspachtel die Masse innerhalb der drei Kreise verstreichen. Die Baisers in den Ofen schieben und sofort die Temperatur auf 100 °C reduzieren. 2 ½ Stunden backen.

Die Baisers sollten rundherum sehr knusprig sein, damit sie nach dem Schichten gut ihre Form behalten. Wenn nötig können sie auch länger im Backofen bleiben. Ob sie an der Unterseite knusprig sind, lässt sich feststellen, indem man die Baisers vorsichtig anhebt und leicht gegen den Boden klopft – fühlt er sich fest an, sind sie fertig. Innen sollten sie etwas weich bleiben. Falls das größere Stück länger braucht, können die zwei kleineren Baisers auch schon früher herausgenommen werden, damit sie nicht zu sehr austrocknen. Wenn die Baisers fertig aussehen, den Backofen ausschalten und die Baisers bei angelehnter Backofentür im Ofen erkalten lassen. Baiserböden können gut am Vortag zubereitet werden, die Sahne und die Früchte sollten aber erst im letzten Moment dazugegeben werden, damit die Baisers nicht durchweichen.

Für die Füllung die Sahne halbsteif schlagen. Dann den Ahornsirup und die Vanille unterziehen. Das größte Baiser auf eine Kuchenplatte legen und knapp zwei Drittel der Sahne darauf verteilen. Die gemischten Beeren darauf verteilen. Aus den zwei übrigen Baisers, der Sahne und den Beeren zwei weitere Stufen formen. Die Pavlova mit Puderzucker bestreuen.

Kleine Haselnuss-Zimt-Baisers

Diese Kombination aus Zimt und Haselnuss finde ich geschmacklich einfach grandios. Ich liebe aber auch die dank der Nusskerne knackige Textur. Ich serviere die Baisers gern mit Sahne und dunklen Beeren – zum einen macht sich die Farbe der Beeren so gut zu den Baisers, zum anderen ist es manchmal besser, bei einem Farbton zu bleiben und nicht zu viele verschiedenfarbige Beeren zu mischen. Zu Haselnüssen passen Heidelbeeren wunderbar, aber auch frische Feigen oder Steinobst. Wenn möglich, sollten die Haselnusskerne vor der Verwendung geröstet werden, dann kann sich ihr Aroma besser entfalten.

Für 6–8 Personen, je nach Grösse

35 g Haselnusskerne
2 TL Speisestärke
2 TL Apfelessig
5 große Eiweiß
1 Prise Salz
200 g feiner Rohrohrzucker
½ TL gemahlener Zimt

Für die Garnitur

300 g Schlagsahne
2 EL Ahornsirup
1 TL Vanilleextrakt
200 g Heidelbeeren
200 g Brombeeren oder Boysenbeeren

Den Backofen auf 200 °C vorheizen. Zwei Backbleche mit Backpapier auslegen.

Die Haselnusskerne in einer Schicht auf ein Backblech legen und im Ofen 6–10 Minuten rösten. Dabei aufpassen, dass sie nicht verbrennen. Die heißen Nusskerne in ein sauberes Tuch geben, das Tuch an den Seiten zusammenfassen und durch kräftiges Reiben die Haut entfernen. Dann die Nusskerne grob hacken und beiseitestellen.

Die Speisestärke und den Apfelessig klumpenfrei verrühren. In einer großen, sauberen Schüssel das Eiweiß mit dem Salz zu Eischnee schlagen. Dann abwechselnd jeweils 1 EL Zucker und etwas Essigmischung unterrühren, bis sich alles gut vermischt hat. Die Baisermasse sollte glatt, fest und glänzend sein und das Rührgerät erst dann ausgeschaltet werden, wenn auch das letzte Zuckerkristall sich aufgelöst hat. Dann den Zimt und ein Drittel der gehackten Haselnüsse unterziehen.

Mithilfe eines Dessertlöffels in ausreichend Abstand kleine Häufchen Baisermasse auf die Backbleche setzen. Die Baisers mit den restlichen Haselnüssen bestreuen und in den heißen Ofen schieben. Die Temperatur sofort auf 100 °C reduzieren und die Baisers 1 ½–2 Stunden backen. Am Ende der Backzeit den Ofen ausschalten und die Baisers bei angelehnter Backofentür im Ofen erkalten lassen.

Kurz vor dem Anrichten die Sahne halbsteif schlagen und nach Geschmack mit Ahornsirup und Vanille aromatisieren. Die Baisers auf Dessertteller verteilen, einen Klecks Sahne dazugeben und einige Beeren darüber verteilen.

Orangenblüten-Mandel-Pavlova mit Pfirsichen

Dieses Rezept ist ein Beispiel für ein geniales Bündnis zwischen Aromen und Texturen: süße, vollreife Pfirsiche, knackige Nüsse und das ätherische Aroma von Orangenblüten, vereint durch ein auf der Zunge zergehendes Baiser. Die Pfirsiche sollten ganz reif sein, damit ihr Aroma voll zur Geltung kommt.

Für 6 Personen
40 g blanchierte Mandeln
2 TL Speisestärke
2 TL Apfelessig
5 große Eiweiß
1 Prise Salz
200 g feiner Rohrohrzucker
2 TL Orangenblütenwasser, oder nach Geschmack

Für den Belag
300 g Schlagsahne
2 EL Ahornsirup
1 TL Vanilleextrakt, ersatzweise Vanillepulver oder ausgekratztes Mark der Vanilleschote
600 g vollreife Pfirsiche, entsteint und in Scheiben geschnitten
100 g geröstete Mandelblättchen

Den Backofen auf 180 °C vorheizen. Ein Backblech mit Backpapier auslegen und einen Kreis von rund 25 cm Durchmesser aufzeichnen.

Die blanchierten Mandeln in einer Schicht auf ein Backblech legen und im Ofen 6–10 Minuten rösten. Gut aufpassen, dass sie nicht verbrennen. Die Mandeln kurz abkühlen lassen und dann grob hacken.

Den Backofen auf 200 °C vorheizen. Die Speisestärke und den Apfelessig klumpenfrei verrühren. In einer großen, sauberen Schüssel das Eiweiß mit dem Salz zu sehr steifem Eischnee schlagen. Dann abwechselnd jeweils 1 EL Zucker und etwas Essigmischung unterrühren, bis sich alles gut vermischt hat. Die Baisermasse sollte glatt, fest und glänzend sein.

Das Orangenblütenwasser unter die Baisermasse ziehen und diese mit einem Löffel nestförmig innerhalb des auf das Backpapier gezeichneten Kreises auftragen. Ich forme das Nest mit einem Metalllöffel und den Fingern und drücke mit der Löffelrückseite eine Vertiefung in die Mitte. Dann das Baiser mit den gehackten Mandeln bestreuen und auf dem Backblech in den Ofen schieben. Sofort die Temperatur auf 100 °C reduzieren und das Baiser 2 Stunden backen. Den Ofen ausschalten und das Baiser bei angelehnter Backofentür im Ofen erkalten lassen.

Kurz vor dem Servieren die Sahne halbsteif schlagen. Dann nach Geschmack Ahornsirup und Vanille unterziehen. Das Baiser auf eine Kuchenplatte legen und die Sahne auf die Mitte streichen. Mit den in Scheiben geschnittenen Pfirsichen belegen und mit den gerösteten Mandelblättchen bestreuen.

Ahornsirup-Baisers mit karamellisierten Birnen

Birnen und Ahornsirup harmonieren gut miteinander. Wird dies kombiniert mit feinen Baisers, die auf der Zunge zergehen, dann schwebt man eindeutig im siebten Dessert-Himmel. Am besten eignen sich fast vollreife Birnen. Durch das Anbraten garen sie etwas, aber gerade so, dass sie nicht zu weich werden und zerkochen.

Für 6–8 Portionen, je nach Grösse
2 TL Speisestärke
2 TL Apfelessig
6 große Eiweiß
1 Prise Salz
200 g feiner Rohrohrzucker
2 EL Ahornsirup
ausgeschabtes Mark von 1 Vanilleschote, ersatzweise 1 EL Vanilleextrakt

Für den Belag
3 EL Butter
4 EL Ahornsirup
3 reife Birnen, geschält, geviertelt und das Kerngehäuse entfernt
300 g Schlagsahne
150 g geröstete Mandelblättchen zum Dekorieren

Den Backofen auf 200 °C vorheizen. Zwei Backbleche mit Backpapier auslegen.

Die Speisestärke und den Apfelessig klumpenfrei verrühren. In einer großen, sauberen Schüssel das Eiweiß mit dem Salz zu steifem Eischnee schlagen. Dann abwechselnd jeweils 1 EL Zucker und etwas Essigmischung unterrühren, bis alles gut vermischt ist. Die Baisermasse sollte glatt, fest und glänzend sein. Zuletzt den Ahornsirup und die Vanille unterziehen.

Mit einem Esslöffel große Kleckse Baisermasse auf die Backbleche setzen – je nach gewünschter Größe sollte das 6 bis 8 Baisers ergeben. Die Backbleche in den Ofen schieben und sofort die Temperatur auf 100 °C reduzieren. Die Baisers 1 ½–2 Stunden backen, dann den Backofen ausschalten und die Baisers bei angelehnter Backofentür im Ofen erkalten lassen.

Kurz vor dem Anrichten die Butter und 3 EL von dem Ahornsirup in eine Pfanne geben. Sobald die Mischung zu zischen beginnt, die vorbereiteten Birnen mit der Schnittfläche nach unten in die Pfanne legen und 2–3 Minuten braten, dann wenden und weitere 2–3 Minuten garen. Die Birnen dürfen dabei nicht anbrennen, sondern sollen nur eine schöne Farbe bekommen und in der Pfanne etwas Karamell bilden. Die Pfanne vom Herd nehmen und kurz abkühlen lassen.

Vor dem Anrichten der Baisers die Sahne und den restlichen Ahornsirup in eine Rührschüssel geben und halbsteif schlagen. Die Baisers auf einer Servierplatte anrichten, die Sahne darauf verteilen und die karamellisierten Birnen auf die Sahne legen. Dann den Saft aus der Pfanne über die Birnen tröpfeln. Das Ganze mit den Mandelblättchen bestreuen und sofort servieren.

Rosenwasser-Pistazien-Pavlova mit Erdbeeren

Diese Delikatesse ist mein absoluter Dauerbrenner. Unverzichtbar dabei sind die darüber gestreuten Rosenblütenblätter – dieses Dessert erfreut nicht nur den Gaumen, sondern auch die Seele. Es sollte zu besonderen Gelegenheiten mit viel Liebe zubereitet werden.

Für 6–8 Personen
2 TL Speisestärke
2 TL Apfelessig
5 große Eiweiß
1 Prise Salz
180 g feiner Rohrohrzucker
1 TL Rosenwasser, oder nach Geschmack
80 g Pistazienkerne, fein gehackt
einige Rosenblütenblätter zum Dekorieren

Für den Belag
300 g Schlagsahne
ausgeschabtes Mark von 1 Vanilleschote, ersatzweise 1 TL Vanilleextrakt
2 EL Puderzucker aus Rohrohrzucker, oder nach Geschmack
400 g Erdbeeren

Den Backofen auf 200 °C vorheizen. Ein Backblech mit Backpapier auslegen und einen Kreis mit einem Durchmesser von 25 cm aufzeichnen.

Die Speisestärke und den Apfelessig klumpenfrei verrühren. In einer großen, sauberen Schüssel die Eiweiße mit dem Salz zu Eischnee schlagen. Dann abwechselnd jeweils 1 EL Zucker und etwas Essigmischung unterziehen, bis sich alles gut vermischt hat. Die Baisermasse sollte glatt, fest und glänzend sein. Das Rosenwasser und die Hälfte der Pistazienkerne unterziehen.

Mit einem Vorlegelöffel die Baisermasse löffelweise auf die Fläche innerhalb des auf das Backpapier gezeichneten Kreises verteilen. Soll das Baiser höher werden, eine zweite Schicht darübergeben. Dann die Mitte etwas eindrücken, sodass dort eine Art Nest mit schönen Wirbeln entsteht (nach Belieben kann man mit dem Finger hier und da noch etwas drücken und zupfen). Zum Schluss die restlichen Pistazien bis auf 1 EL darüberstreuen.

Das Baiser in den Ofen schieben und sofort die Temperatur auf 100 °C reduzieren. Das Baiser 2 Stunden backen, bis es außen schön knusprig ist. Außerdem sollte der Boden bei Berührung fest sein. Am Ende der Backzeit den Backofen ausschalten und das Baiser bei angelehnter Backofentür auskühlen lassen.

Kurz vor dem Anrichten die Sahne halbsteif schlagen. Dann die Vanille und den Puderzucker nach Geschmack unterziehen. Die Erdbeeren entstielen und je nach Größe halbieren oder vierteln. Das Baiser auf einer Kuchenplatte anrichten. Die Sahne in die Mitte geben und die Erdbeeren darauf verteilen. Abschließend zur Verzierung Rosenblütenblätter und die restlichen gehackten Pistazienkerne darüberstreuen – eine Delikatesse, die im Kreis der liebsten Menschen genossen werden sollte.

KLEINGEBÄCK

Mit ein wenig Planung kann man immer etwas Leckeres und Nahrhaftes im Haus haben für den Fall, dass Überraschungsgäste kommen, die Kinder hungrig sind oder man selbst einen kleinen Seelentröster brauchen könnte. Wann immer ich am Wochenende aus London fliehe und samstagmorgens früh aufs Land fahre, habe ich eine Thermoskanne mit Kaffee und etwas Leckeres für mein Frühstück unterwegs im Gepäck. Das ist zwar nicht oft der Fall, aber wenn, ist es die reine Wonne – die Ingwer-Pfirsich-Muffins sind ebenso perfekt für solche Gelegenheiten wie die Dinkel-Blaubeer-Muffins. Die fruchtigen Nusstrüffel sind der große Hit bei meinen Freunden, die versuchen, sich gesünder zu ernähren, deshalb biete ich sie jetzt besonders gern an, um gekaufte Alternativen mit viel Zucker zu vermeiden. Alle Rezepte in diesem Kapitel sind unkompliziert und lassen sich schnell zubereiten, deshalb sind sie ideal, um sie mit Kindern zusammen auszuprobieren.

Dinkelkekse

Dinkelkekse sind kinderleicht zu machen und der perfekte Snack für den Bärenhunger nach der Schule oder zum Tee. Sie halten sich gut und sind eine gesunde Alternative zu gekauften Keksen, die meistens viel Zucker enthalten.

Ergibt 20 Kekse
125 g Dinkelmehl
100 g ungesüßte getrocknete Kokosraspel
50 g getrocknete Heidelbeeren
100 g Haferflocken
1 Prise Salz
125 g Butter
85 g dunkler Honig
½ TL Speisenatron

Den Backofen auf 180 °C vorheizen. Zwei Backbleche mit Backpapier auslegen.

Das Mehl, die Kokosraspel, die getrockneten Heidelbeeren, die Haferflocken und das Salz in einer großen Schüssel vermischen. Die Butter mit dem Honig in einem kleinen Topf auf niedriger Stufe schmelzen und glatt rühren. Das Speisenatron mit 2 EL kochendem Wasser verrühren, mit dem geschmolzenen Honig und der Butter zu der Mehlmischung geben und alles sorgfältig verrühren.

Den Teig portionsweise mit den Handflächen zu etwa walnussgroßen Kugeln rollen und diese mit reichlich Abstand auf die vorbereiteten Backbleche legen. Die Teigkugeln mit dem Rücken einer Gabel leicht flach drücken und im heißen Ofen in etwa 15 Minuten goldbraun backen. Am Ende der Backzeit aus dem Ofen nehmen und auf einem Kuchengitter auskühlen lassen. In einem luftdicht verschlossenen Behälter oder einer Keksdose aufbewahren.

Ein Wort zum Zucker

Neue ernährungswissenschaftliche Erkenntnisse warnen uns davor, Zucker in großen Mengen zu uns zu nehmen. Das liegt nicht daran, dass der Körper keinen Zucker bräuchte. Im Gegenteil ist er der wichtigste Treibstoff für unsere Zellen, und ganz ohne Zucker wären wir mit unserer Leistungsfähigkeit bald am Ende. Das Problem ist also nicht der Zucker an sich, sondern die Menge. Tatsächlich wird unser Körper in der Folge unserer modernen Ernährungsweise mit Zucker geradezu überschwemmt. Von der Limonade bis zum Fertiggericht, vom Brot bis zur Grillsauce – fast alles, was wir im Supermarkt in unseren Einkaufswagen laden, enthält in irgendeiner Form Zucker. Und dieser Zucker hat einen entscheidenden Nachteil: Die Vitalstoffe – Vitamine, Spurenelemente, Enzyme –, die zu seiner Verwertung nötig sind, bringt er selbst nicht mit. Der Körper muss sie sich anderweitig besorgen, und damit ist er oft überfordert. Zucker liefert – wie auch Weißmehl – nur »leere« Kalorien, die wir am Bauch und auf den Hüften mit uns herumschleppen. Um weitverbreiteten Irrtümern vorzubeugen: Auch die von mir bevorzugten Süßungsmittel Honig, Ahornsirup und Rohrzucker sind nichts anderes als Zucker. Nur bringen sie ein paar Vitalstoffe mehr mit als weißer Haushaltszucker. Sie sind also nicht gesünder, sondern nur etwas weniger schädlich, und auch für sie gilt das alte Wort des Paracelsus: »Alles ist Gift, und nur die Menge macht, dass etwas kein Gift sei.«

Würzige Cupcakes

Nachdem ich jahrelang versucht habe, die üblichen Schokolademengen an Ostern zu vermeiden, habe ich mir diese Cupcakes ausgedacht. Ich glaube, dass der Frühling und vor allem Ostern eine Zeit ist, in der viele Leute gerne backen. Allerdings muss man einräumen, dass Rosinenbrötchen, es sei denn, man besäße außergewöhnliche Backtalente, nicht immer so perfekt gelingen und gekaufte oft sogar besser schmecken. Ich wollte gern etwas kreieren, das jedem leicht gelingt, und diese kleinen Kuchen sind genau das Richtige, eine Kombination aus traditionellen Ostergewürzen mit leuchtenden Frühlingsfarben und wunderschönen Blüten. Man kann den Guss auch mit ein paar zerdrückten Beeren oder etwas Beerensaft färben.

Ergibt 12 Stück

125 g helles Dinkelmehl, gesiebt
1 TL Backpulver
½ TL gemahlener Zimt
½ TL Mixed Spice, ersatzweise Lebkuchengewürz
125 g weiche Butter
2 große Eier
125 g Ahornsirup
abgeriebene Schale von ½ Bio-Orange
300 g Rosinen, grob gehackt
2–3 EL Milch

Für den Guss

300 g Frischkäse
abgeriebene Schale und 1 TL Saft von 1 unbehandelten Zitrone
4 EL Ahornsirup (oder Honig)
essbare Blüten, frisch oder kandiert, zum Garnieren

Den Backofen auf 180 °C vorheizen. Ein Muffin-Blech (12 Mulden) mit Papierförmchen füllen. Mehl, Backpulver, Zimt und Gewürzmischung in einer Schüssel vermischen.

Die Butter mit einem Handrührgerät etwa 4 Minuten lang schaumig schlagen, einen gehäuften EL der Mehlmischung zugeben und einrühren. Ein Ei hinzufügen und nochmals 1 Minute rühren, dann erneut 1–2 EL Mehlmischung und zuletzt das zweite Ei dazugeben und das Ganze zu einer lockeren Schaummasse verrühren. Die restliche Mehlmischung, den Ahornsirup, die Orangenschale und die Rosinen zum Teig geben. Alles sorgfältig vermengen und zum Schluss gerade so viel Milch zugießen, dass der Teig reißend vom Löffel fällt.

Den Teig mit einem Löffel gleichmäßig in die vorbereiteten Förmchen füllen und im heißen Backofen 15–20 Minuten backen. Die Cupcakes sind fertig, wenn sie in der Mitte auf leichten Fingerdruck nicht mehr nachgeben. Am Ende der Backzeit aus dem Backofen nehmen und auf einem Kuchengitter auskühlen lassen.

Für den Guss den Frischkäse, die Zitronenschale und den Ahornsirup glatt und cremig rühren und zum Schluss den Zitronensaft hinzugeben. Mit einem Löffel den Guss auf die Cupcakes verteilen, mit einem Konditormesser verstreichen und das Ganze mit den Blüten garnieren.

Buchweizentaler mit Aprikosenbutter

Diese Taler schmecken am besten direkt aus der Pfanne, mit Aprikosenbutter bestrichen. Sie geben allerdings auch ein hervorragendes Wochenendfrühstück ab, wenn man sie mit etwas Kompott und griechischem Joghurt, gesüßt mit Honig oder Ahornsirup, auf den Tisch bringt. Wer sich etwas ganz Besonderes gönnen möchte, serviert sie mit Marmelade und Sahne (so mag mein Sohn sie am liebsten).

Ergibt 10–15 Taler
125 g Buchweizenmehl
60 g Dinkelmehl
1 TL Backpulver
½ TL Salz
1 großes Ei
80 g Ahornsirup
200 ml Vollmilch
Butter oder Pflanzenöl zum Einfetten

Für die Aprikosenbutter
100 g weiche Butter
50 g Honig
50 g getrocknete Aprikosen, sehr fein gehackt

Zuerst die Aprikosenbutter zubereiten. Dazu die Butter, den Honig und die Aprikosen etwa 4 Minuten mit einem Handrührgerät schaumig rühren und beiseitestellen.

Für die Taler die Mehlsorten, das Backpulver und das Salz in eine Schüssel sieben und das Ei, den Ahornsirup und ein Drittel der Milch dazugeben und alles mit dem Handrührgerät zu einem dickflüssigen glatten Teig rühren. Langsam die restliche Milch dazugießen, bis der Teig die richtige Konsistenz hat und dickflüssig vom Löffel tropft.

Eine große beschichtete Pfanne leicht mit Butter oder Öl einfetten und erhitzen. Den Teig esslöffelweise von der Spitze des Löffels in die Pfanne laufen lassen. Die Taler etwa 1 Minute backen und wenden, sobald sich kleine Bläschen bilden. Die andere Seite ebenso etwa eine Minute backen. Die Taler heiß mit etwas Aprikosenbutter bestreichen und genießen.

Honig-Frucht-Schnitten

Diese Schnitten backe ich oft am Anfang der Woche, dann habe ich immer etwas Leckeres dabei, wenn ich meinen Sohn von der Schule abhole. Sie eignen sich auch sehr gut als Pausensnack. Die Mandeln liefern Nährstoffe, wertvolle Öle und Proteine, der Honig spendet Energie, und die Früchte sorgen für Ballaststoffe und Vitamine und, um dem Ganzen die Krone aufzusetzen, sie schmecken einfach herrlich! Für diese Schnitten kann man fast jedes Steinobst verwenden. Ich bevorzuge meist Nektarinen, man kann aber auch Pfirsiche oder Pflaumen ausprobieren. Ich lasse den Kuchen oft einfach auf dem Blech und schneide die Schnitten nach Bedarf ab, muss aber dazusagen, dass das Ganze meist schon nach kurzer Zeit aufgegessen wird.

Ergibt 16 Schnitten
Eiweiß von 8 großen Eiern
1 Prise Salz
370 g gemahlene Mandeln
250 g dunkler Honig
225 g Dinkelvollkornmehl, gesiebt
2 TL Backpulver
150 g Butter, zerlassen
abgeriebene Schale von 2 Bio-Orangen
abgeriebene Schale von 1 Bio-Zitrone
800 g Steinobst, halbiert und entsteint
70 g Rapadura oder feiner Rohrohrzucker

Den Backofen auf 180 °C vorheizen. Ein beschichtetes Backblech (25×35×6 cm) einfetten.

In einer trockenen, sehr sauberen Schüssel das Eiweiß mit dem Salz schaumig schlagen, bis der Schnee Spitzen bildet. Vorsichtig die Mandeln, den Honig, das Mehl, das Backpulver, die Butter und die Orangen- und Zitronenschale unterheben und sorgfältig vermengen.

Den Teig in das vorbereitete Backblech füllen und mit dem Konditormesser glätten. Die Früchte in dem Zucker wälzen und mit der Schnittseite nach unten auf den Teig legen.

Den Kuchen im heißen Ofen etwa 40–50 Minuten goldgelb backen. Aus dem Ofen nehmen und vor dem Schneiden auskühlen lassen.

Ingwer-Pfirsich-Muffins

Diese Pfirsichmuffins mit Ingwer kann man gut zwischendurch oder bei einem Picknick genießen. Ingwer und Pfirsich passen erstaunlich gut zusammen, Sie können aber auch andere Steinobstsorten verwenden.

Ergibt 9 Muffins
130 g feine Haferkleie
130 g Dinkelvollkornmehl, gesiebt
100 g helles Dinkelmehl, gesiebt
1 TL Backpulver
1 TL Speisenatron
½ TL Salz
75 g Butter, zerlassen und abgekühlt
300 g Honig
240 ml Vollmilch
250 ml Naturjoghurt
1 großes Ei
2 Stücke in Sirup eingelegter Ingwer, grob gehackt

Für den Belag
20 g Butter
1 EL Honig
1 Stück in Sirup eingelegter Ingwer, fein gehackt
3 reife, aber feste Pfirsiche, halbiert, entsteint und jede Hälfte gedrittelt

Den Backofen auf 180 °C vorheizen. Ein Muffin-Blech (9 Mulden) einfetten oder mit 9 Papierförmchen auslegen.

Zuerst den Belag zubereiten. Die Butter, den Honig und den eingelegten Ingwer in einer mittelgroßen Pfanne bei starker Hitze aufkochen, bis die Mischung beginnt, Blasen zu werfen. Bei schwacher Hitze unter Rühren 2 Minuten weiterkochen, dann die Pfirsiche hinzufügen und in der köchelnden Mischung wenden. Die Pfanne vom Herd nehmen und zum Abkühlen beiseitestellen.

Für die Muffins die Kleie und die Mehlsorten in eine große Rührschüssel sieben und mit Backpulver, Natron und Salz mischen. Dann die übrigen Zutaten zur Mehlmischung geben und mit einem großen Metalllöffel oder Kochspatel behutsam unterheben, bis alles gründlich vermischt ist.

Den Teig in das vorbereitete Muffin-Blech füllen, vorsichtig 2 Pfirsichscheiben auf jeden Muffin legen und eine Scheibe leicht in die Mischung drücken. Die Muffins mit dem restlichen Saft der Pfirsiche beträufeln und im heißen Ofen 25–30 Minuten backen.

Am Ende der Backzeit die Muffins aus dem Ofen nehmen und etwa eine Minute abkühlen lassen. Dann aus ihren Mulden stürzen bzw. die Papierförmchen mit den Muffins aus den Mulden nehmen und auf einem Gitter auskühlen lassen. Sie schmecken am besten frisch noch am selben Tag.

Mini-Muffins mit Heidelbeeren und Haselnüssen

Diese kleinen Kuchen sind leicht und sehr lecker. Ich finde, sie sind perfekt, wenn man nachmittags Gäste zum Tee oder Kaffee hat, weil sie fein-aromatisch und nicht zu mächtig sind. Man kann anstelle der Heidelbeeren auch Himbeeren oder Brombeeren verwenden.

Ergibt 24 Muffins
25 g helles Dinkelmehl, gesiebt
45 g gemahlene Mandeln
45 g gemahlene Haselnusskerne
ausgeschabtes Mark von 1 Vanillestange
Eiweiß von 3 großen Eiern
100 g Butter, zerlassen und abgekühlt
125 g Ahornsirup
fein abgeriebene Schale von 1 Bio-Zitrone
85 g Heidelbeeren
Puderzucker aus Rohrohrzucker, zum Bestäuben (nach Belieben)

Den Backofen auf 180 °C vorheizen. Ein Mini-Cupcake-Blech (24 Mulden) oder einzelne Cupcake-Förmchen mit etwas zerlassener Butter einfetten.

Das Mehl, die gemahlenen Nüsse und das Vanillemark in einer Schüssel vermengen. In einer zweiten, sehr sauberen Schüssel das Eiweiß zu festem Eischnee schlagen. In die Mitte der Mehl-Nuss-Mischung eine Mulde drücken, das Eiweiß in die Mulde geben und zuerst die abgekühlte zerlassene Butter und den Ahornsirup, dann die Zitronenschale dazugeben und alles zu einem lockeren Teig verrühren.

Den Teig in die vorbereiteten Mulden oder Förmchen geben und je nach Größe 1 oder 2 Heidelbeeren darauflegen. Die Mini-Muffins im Backofen 15–20 Minuten backen, bis sie goldbraun sind und sich auf Fingerdruck fest anfühlen.

Am Ende der Backzeit die Mini-Muffins aus dem Ofen nehmen, in der Form 5 Minuten abkühlen lassen und auf ein Kuchengitter stürzen. Nach Geschmack leicht mit Puderzucker bestäuben.

Spritzige Apfel-Mandel-Muffins

Es bereitet mir stets viel Freude, mit gegensätzlichen Aromen zu experimentieren. Die Süße des Apfels kombiniert mit dem frischen Aroma von Zitronen und Orangen ist ein Fest für den Gaumen. Diese Muffins sind perfekte Picknickbegleiter, geben aber auch ein leckeres Frühstück ab.

Ergibt 12 Muffins
2 Tafeläpfel, halbiert, Kerngehäuse entfernt und in feine Scheiben geschnitten
145 g weiche Butter
1 ½ EL Rapadura oder feiner Rohrohrzucker
150 g Dinkelvollkornmehl, gesiebt
2 große Eier
1 gehäufter TL Backpulver
185 g Honig
60 g gemahlene Mandeln
50 ml Vollmilch
fein abgeriebene Schale von 1 Bio-Zitrone und ½ Bio-Orange
Puderzucker aus Rohrohrzucker, zum Bestäuben (nach Belieben)

Den Backofen auf 180 °C vorheizen. Ein Muffin-Blech (12 Mulden) einfetten oder mit 12 Papierförmchen auslegen.

Die Apfelscheiben in eine Schüssel legen, 20 g Butter zerlassen, über die Äpfel gießen und alles mit dem Rapadura oder Rohrzucker bestreuen. Die Apfelscheiben sorgfältig in der Mischung wenden, auf dem Boden der Mulden oder Papierförmchen verteilen und fest andrücken.

Die restliche Butter etwa 4 Minuten lang mit einem Handrührgerät schaumig schlagen. 1 EL Mehl zugeben, kurz verrühren, dann nacheinander die Eier dazugeben und alles zu einer lockeren Schaummasse verrühren. Das restliche Mehl, das Backpulver, den Honig, die gemahlenen Mandeln, die Milch und den Zitrusabrieb mit einem Löffel oder Kochspatel unter die Schaummasse heben.

Den Teig in das vorbereitete Muffin-Blech oder die Förmchen füllen und 25–30 Minuten backen, bis bei der Garprobe kein Teig mehr haften bleibt. Die Muffins am Ende der Backzeit aus dem Backofen nehmen und zum Auskühlen auf ein Kuchengitter legen.

Die Muffins nach dem Abkühlen nach Belieben mit etwas Puderzucker bestäuben.

Kokos-Sesam-Makronen

Kokosmakronen sind himmlische kleine Verführungen. Kokosnuss ist sehr gesund, und außerdem sind diese zart schmelzenden Makronen kinderleicht zuzubereiten. Genießen Sie sie morgens oder nachmittags zu einer Tasse Tee oder unterwegs – fürs schnelle Mittagessen, bei Picknicks oder langen Autofahrten.

Ergibt 10-12 Makronen
2 große Eier, nur das Eiweiß
½ TL Weinsteinpulver, ersatzweise Backpulver
100 g feiner Rohrohrzucker
40 g Sesamsamen
30 g gemahlene Mandeln
1 Prise Salz
ausgeschabtes Mark von 1 Vanilleschote, ersatzweise 1 TL Vanilleextrakt
250 g ungesüßte getrocknete Kokosraspel

Den Backofen auf 170 °C vorheizen. Ein oder zwei Backbleche (je nach Größe) mit Backpapier auslegen.

Zunächst das Eiweiß halbsteif schlagen, dann den Weinstein dazugeben und erneut schlagen, bis sich weiche Spitzen bilden. Unter ständigem Rühren mit dem Handrührgerät langsam den feinen Rohrohrzucker einrieseln lassen. Weiterrühren, bis die Spitzen ihre Form behalten und der Eischnee glänzt. Die Sesamsamen, die gemahlenen Mandeln, das Salz, die Vanille und die Kokosraspel unterheben. Die Mischung ist ziemlich klebrig, sollte aber beim Formen ihre Form behalten.

Mit den Händen oder zwei Dessertlöffeln kleine Kleckse formen und mit ausreichend Abstand auf die vorbereiteten Backbleche legen. Die Kleckse sollten einen Durchmesser von 6–7 cm haben.

Die Makronen im heißen Backofen bis zu 20 Minuten backen. Dabei nicht zu dunkel werden lassen. Sie sind fertig, wenn sie beginnen, goldgelb zu werden. Aus dem Ofen nehmen und mit einem Konditormesser zum Abkühlen auf ein Kuchengitter legen. Die Makronen in einem dicht schließenden Behälter aufbewahren.

Geröstete Kokosnuss

Dies ist zweifellos das einfachste Rezept in diesem Buch, wenn man es überhaupt Rezept nennen kann. Es gibt nur eine Zutat, aber das will nichts heißen. Geröstete Kokosnuss ist unglaublich lecker und kann für viele süße Gerichte verwendet werden. Ich röste den Inhalt einer ganzen Packung, manchmal sogar mehr, und bewahre die Kokosraspel dann in einem luftdicht verschlossenen Behälter auf – so halten sie sich mehrere Monate lang. Ich streue sie zum Frühstück auf frisches Obst und mit Honig beträufelten Joghurt oder zum Dessert auf warmes Kompott und mit Ahornsirup beträufelten Joghurt. Wenn mein Vorratsschrank wirklich leer ist und ich auf der Suche nach etwas Süßem bin, bereite ich etwas von meinem Joghurt mit Rosenaroma oder Orangenblüten (siehe Seite 177) zu und gebe ein paar Esslöffel geröstete Kokosraspel, etwas Honig und einige Honignüsse (siehe Seite 165) darüber. Zur Zubereitung einfach 300 g ungesüßte getrocknete Bio-Kokosraspel in einer großen, trockenen beschichteten Pfanne auf mittlerer Stufe erhitzen und unter ständigem Rühren goldgelb rösten. Sofort in eine Schüssel geben, auskühlen lassen und bis zur Verwendung in einen Behälter mit dicht schließendem Deckel füllen.

Zauberhafte Cupcakes mit Beeren

Es macht mir Spaß, kleine Partys für Kinder wie für Erwachsene zu veranstalten, und als mein Sohn zum ersten Mal nach der Schule ein paar Freunde zu Besuch hatte, gab ich mir besonders viel Mühe und bereitete eine Party vor mit dem Motto »Alice im Wunderland«. Zu diesem Anlass habe ich diese Beerenküchlein zum ersten Mal gebacken, und seitdem gehören sie zu meinen Favoriten. Man kann alle Arten von Beeren verwenden. Für eine große Anzahl sehen unterschiedliche Beeren besonders hübsch aus, wenn Sie aber nur eine Sorte zur Hand haben, wird das Ergebnis nicht weniger köstlich sein.

Ergibt 36 Cupcakes
300 g helles Dinkelmehl, gesiebt
3 TL Backpulver
½ TL Salz
125 g weiche Butter
2 große Eier
200 g Naturjoghurt
180 g Ahornsirup oder Honig
ausgeschabtes Mark von 1 Vanilleschote, ersatzweise 1 TL Vanilleextrakt
abgeriebene Schale von 1 Bio-Zitrone
200 g Beeren (z. B. Himbeeren, Brombeeren, Heidelbeeren, kleine Erdbeeren)

Für den Guss
500 g Frischkäse
100 g Ahornsirup oder Honig
etwas Beerensaft zur Verzierung
250 g Beeren zum Verzieren

Den Backofen auf 180 °C vorheizen. Drei Cupcake-Bleche (12 Mulden) mit Papierförmchen auslegen. (Man kann die Cupcakes problemlos auch portionsweise backen.)

Das Mehl, das Backpulver und das Salz in einer Schüssel vermischen. In einer Rührschüssel die Butter mit einem Handrührgerät etwa 4 Minuten lang schaumig schlagen, 1 EL Mehl zugeben, kurz verrühren, dann nacheinander die Eier zugeben und das Ganze zu einer lockeren Schaummasse rühren. Das restliche Mehl, den Joghurt, den Ahornsirup oder Honig, die Vanille und die abgeriebene Zitronenschale mit einem Metalllöffel oder Kochspatel unterheben. Zum Schluss die Beeren zugeben. Den Teig in die vorbereiteten Förmchen füllen, 12–15 Minuten backen und auf einem Kuchengitter auskühlen lassen.

Für den Guss den Frischkäse mit dem Ahornsirup oder Honig cremig schlagen. Die Creme mit etwas Saft der verwendeten Beerensorte marmorieren. (Ich zerdrücke einfach eine Brombeere oder eine Himbeere und verquirle sie mit dem Guss.) Werden verschiedene Beerensorten verwendet, muss der Frischkäse auf mehrere Schüsseln aufgeteilt und dann mit dem jeweiligen Saft verquirlt werden. Brombeeren und Himbeeren, aber auch Heidelbeeren sind hervorragend geeignet. Heidelbeeren muss man allerdings vorher mit einem Spritzer Zitronensaft und 1 EL Ahornsirup kochen, damit sie ihren Saft abgeben.

Den marmorierten Guss auf die abgekühlten Küchlein streichen und mit einer oder mehreren Beeren, je nach Größe, verzieren.

Honig-Madeleines

Diese Madeleines bestehen aus einer einfachen, nur mit Honig gesüßten Biskuitteigmasse. Die Art des verwendeten Honigs wird man also auf jeden Fall durchschmecken. Ich nehme gern dunklen griechischen oder Manuka-Honig, mit dem ich aufgewachsen bin. Die Madeleines schmecken gut zum Morgenkaffee, und Kindern schmecken sie eigentlich immer gut. Man kann sie auch als Mini-Madeleines backen und nach einer einfachen Mahlzeit als Dessert zu einer Tasse Kaffee reichen.

Ergibt 12 grosse oder 24 kleine Madeleines

70 g Butter
1 großes Ei
50 g Honig
1 Prise Salz
50 g Dinkelmehl
1 EL gemahlener Zimt oder Puderzucker aus Rohrohrzucker, zum Bestäuben (nach Belieben)

Die Butter bei schwacher Hitze zerlassen und etwas abkühlen lassen. Das Ei, den Honig und das Salz in einer Rührschüssel mit einem Handrührgerät in etwa 5–6 Minuten zu einer dickflüssigen Masse schlagen, die etwa die Konsistenz von Mayonnaise hat. Das Mehl durch ein Sieb direkt in die Eiermischung sieben. Zuletzt die zerlassene Butter zugeben, einen Esslöffel zum Einfetten der Formen zurückbehalten. Alle Zutaten mit einem Holzlöffel oder Kochspatel vermengen und darauf achten, dass die Luftblasen im Teig bleiben. Den Teig mindestens 1 Stunde kalt stellen.

Etwa 30 Minuten vor dem Backen den Teig aus der Kühlung nehmen und Raumtemperatur annehmen lassen. Den Backofen auf 220 °C vorheizen. Die Madeleine-Formen großzügig mit der restlichen Butter einfetten. Die Teigmenge reicht für etwa 24 kleine Madeleines. Wenn nur eine Backform zur Verfügung steht, portionsweise arbeiten.

Den Teig in die Formen füllen und im Backofen 12 Minuten backen. Mini-Madeleines brauchen nur 8–10 Minuten backen. Die Madeleines sind fertig, wenn sie aufgegangen sind und an den Rändern beginnen zu bräunen. Die Madeleines aus dem Ofen nehmen, aus den Formen stürzen und auf einem Kuchengitter auskühlen lassen. Mit Zimt oder Puderzucker bestäubt genießen.

Erdbeer-Gerste-Cupcakes

Gerste hat einen unverkennbar süßlichen, leicht cremigen Charakter und schmeckt sehr gut zu Erdbeeren. Diese Cupcakes sind einfach zuzubereiten, schmecken aber fantastisch.

Ergibt 12 Cupcakes
4 große Eier
150 g Ahornsirup
4 EL Vollmilch
1 EL Olivenöl
130 g Dinkelvollkornmehl, gesiebt
50 g Gerstenmehl, gesiebt
1 TL Backpulver
4 EL Erdbeermarmelade (vorzugsweise ohne Zucker)

Für den Guss
200 g Schlagsahne oder griechischer Joghurt (10%)
60 g Puderzucker aus Rohrohrzucker
200 g kleine Erdbeeren
frische Rosenblätter, zum Verzieren (nach Belieben)

Den Backofen auf 180 °C vorheizen. Ein Cupcake-Blech (12 Mulden) mit Papierförmchen auslegen.

Die Eier mit dem Ahornsirup in 5 Minuten mit einem Handrührgerät schaumig schlagen, dann die Milch und das Öl angießen und gut untermischen. Die beiden Mehlsorten mit dem Backpulver vermischen und vorsichtig unter die Schaummasse heben. Zum Schluss die Erdbeermarmelade unterrühren.

Den Teig mit einem Löffel gleichmäßig in die vorbereiteten Förmchen füllen und im heißen Ofen 12–15 Minuten backen. Am Ende der Backzeit aus dem Ofen nehmen und auf einem Gitter auskühlen lassen.

Für den Guss die Sahne mit dem Zucker halbsteif schlagen oder den Joghurt mit dem Zucker verrühren. Diesen Guss auf den Cupcakes verteilen und das Ganze mit frischen Erdbeeren, nach Belieben auch mit Rosenblättern garnieren.

Fruchtige Nussträffel

Dieses Rezept ist sehr vielseitig, halten Sie sich also einmal daran, dann wissen Sie, wie es funktioniert und können mit Ihren Lieblingskombinationen oder allen möglichen Früchten und Nüssen experimentieren. Diese Trüffel sind ein unglaublicher Energiespender und reich an wertvollen Ölen. Jedes Mal, wenn ich meinen Sohn von der Schule abhole, hat er einen Bärenhunger und manchmal schlechte Laune, weil sein Zuckerspiegel im Keller ist. Deshalb habe ich immer etwas Gesundes für den Heimweg dabei. Diese kleinen Bällchen sind nahrhafter als ein Snack aus dem Supermarkt mit viel Zucker, der schnell den Hunger stillt, aber nicht lange vorhält.

Ergibt 20–30 Trüffel, je nach gewünschter Grösse
150 g blanchierte Mandeln
200 g Butter oder Kokosfett
2 EL Honig
250 g Mandel- oder eine andere Nussbutter
80 g Rosinen, nach Geschmack klein gehackt
2 EL Kakaopulver
200 g ungesüßte, getrocknete Kokosraspel

Den Backofen auf 180 °C vorheizen.

Die Mandeln auf ein Backblech legen und im Backofen etwa 6–10 Minuten rösten. Darauf achten, dass sie nicht verbrennen. Sobald sie zu duften beginnen, aus dem Ofen nehmen und abkühlen lassen, dann in kleine Stücke hacken.

Die Butter und den Honig in einem Topf auf kleiner Stufe zerlassen und sorgfältig verrühren. Die Nussbutter dazugeben und ebenfalls gut verrühren. Die Rosinen, die gehackten gerösteten Mandeln und das Kakaopulver mit dem Fett vermischen. Das Ganze in eine Schüssel geben und im Kühlschrank 45 Minuten fest werden lassen. Aus der Masse Kugeln formen und sorgfältig rundherum in den Kokosraspeln wälzen.

Die Nusstrüffel bis zum Verzehr im Kühlschrank aufbewahren oder einfrieren.

Karamell-Popcorn-Bällchen

Diese Bällchen kommen bei Kinderpartys besonders gut an, weil sie lecker und nahrhaft, aber auch kinderleicht zu machen sind. Auch Erwachsene sagen da nicht Nein! Für den Karamell rechnet man 1 EL Butter für jeden EL Honig – für weniger Popcorn benötigt man weniger Karamell.

Ergibt etwa 20 Stück
Popcorn-Mais (ausreichend, um den Boden eines großen Topfes mit einer Lage zu bedecken)
1 EL Butter
2 EL Oliven- oder Kokosöl

Für den Karamell
10 EL Butter
10 EL Honig

Zuerst das Popcorn zubereiten. Für das fertige Popcorn eine große Schüssel bereitstellen. Die Butter mit dem Öl in einem großen Topf mit schwerem Boden auf hoher Stufe erhitzen. Sobald die Mischung beginnt zu zischen und Blasen zu werfen, die Maiskörner zugeben. Darauf achten, dass der Topfboden mit nur einer Lage gerade eben bedeckt ist. Einen fest schließenden Deckel auflegen. Den Topf alle 30 Sekunden kräftig schütteln, ohne ihn von der Herdplatte zu nehmen. Der Mais sollte nach etwa einer Minute beginnen aufzuplatzen.

Die Hitzezufuhr nicht reduzieren und den Deckel nicht abnehmen, bis das Platzen nachlässt. Sobald es weniger geworden und nur noch vereinzeltes Platzen zu hören ist, den Deckel abnehmen und das Popcorn schnell in eine große Schüssel schütten, damit es am Boden nicht anbrennt. Noch einfacher und fettfrei geht es in einer Popcorn-Maschine, die mit Heißluft arbeitet.

Für den Karamell die Butter und den Honig in einem großen Topf bei mittlerer bis starker Hitze zerlassen. Die Mischung sollte schön blubbern. Den Topf ab und zu schwenken, damit nichts anbrennt. Mit einem Metalllöffel prüfen, ob der Karamell fertig ist – wenn er von der Spitze eines Löffels heruntertropft und nicht mehr läuft, ist er fertig. Passen Sie auf, dass Sie keine Spritzer abbekommen! Kochend heißer Honig verursacht böse Verbrennungen. Den Karamell über das Popcorn gießen und solange abkühlen lassen, bis die Mischung zu kleinen Bällchen gerollt werden kann.

Die Bällchen in Pyramiden- oder Vulkanform auf einen Teller schichten. Man kann den Karamell auch einfach mit dem Popcorn vermengen, aber das macht bei Weitem nicht so viel Spaß!

Orangenblüten-Mandel-Kekse

Diese Kekse sind schnell gemacht und schmecken sehr gut zu einer Tasse Tee am Nachmittag. Hat man kein Orangenblütenwasser zur Hand, kann man sie auch mit Rosenwasser zubereiten.

Ergibt etwa 18 Kekse
420 g gemahlene Mandeln
300 g Honig
1 TL gemahlener Zimt
1 TL Orangenblütenwasser
abgeriebene Schale von 1 Bio-Zitrone
2 Eiweiß

Den Backofen auf 150 °C vorheizen. 1 oder 2 Backbleche einfetten und mit Backpapier auslegen.

Mandeln, Honig, Zimt, Orangenblütenwasser und Zitronenschale miteinander vermischen. So viel von dem Eiweiß zugeben, dass eine feste Paste entsteht. Die Mischung auf eine leicht mit Mehl bestäubte Arbeitsfläche geben und gründlich kneten. Sie soll ziemlich krümelig sein.

Den Teig zu Keksen (etwa 5–6 cm Durchmesser) formen, auf das vorbereitete Backblech legen – etwa 9 auf ein Blech – und auf der mittleren Schiene im Backofen 20 Minuten backen. Die fertigen Kekse aus dem Ofen nehmen und zum Auskühlen auf ein Kuchengitter legen. Mit dem Rest der Masse ebenso verfahren.

Honignüsse

Diese superleckeren Honignüsse schmecken eigentlich immer gut. Man kann sie zum Frühstück über griechischen Joghurt mit frischen Früchten streuen oder als Dessert mit warmem Kompott, einem Klecks griechischem Joghurt und einigen Tropfen Ahornsirup genießen. Meist lohnt es sich, die Zutatenmengen zu verdoppeln und die Hälfte in einem luftdicht verschlossenen Behälter aufzubewahren. Dann hat man immer etwas Leckeres zum Knabbern zur Hand. Verschließen Sie den Behälter gut und beschriften Sie ihn mit dem Datum der Zubereitung. Honignüsse halten sich etwa einen Monat, aber nicht länger, weil sie mit der Zeit ranzig werden.

Für eine Dose
150 g blanchierte Mandeln
100 g Pistazienkerne
50 g Paranusskerne
50 g Pekannusskerne
250 g Honig

Den Backofen auf 180 °C vorheizen. Alle Nusskerne auf ein Backblech legen und etwa 6–10 Minuten im Backofen rösten. Darauf achten, dass sie nicht zu dunkel werden. Die Nüsse aus dem Ofen nehmen, auf ein großes Schneidebrett schütten und grob hacken, dann in eine Schüssel füllen und mit dem Honig vermischen. Die Honignüsse innerhalb eines Monats verbrauchen.

Haferkekse mit Zitrusnote

Diese Kekse sind eine Mischung aus einem Müsli-Riegel und meinen Dinkelkeksen (siehe Seite 141). Sie sind nicht so sättigend wie Müsli-Riegel und eignen sich deshalb besser für zwischendurch zu einer Tasse Tee oder einer heißen Schokolade. Man kann sie in einem luftdicht verschlossenen Behälter problemlos mehrere Wochen aufbewahren.

Ergibt etwa 36 Kekse
220 g weiche Butter
90 g helles Dinkelmehl, gesiebt
1 großes Ei
200 g dickflüssiger, dunkler Honig
ausgeschabtes Mark von 1 Vanilleschote, ersatzweise 2 TL Vanilleextrakt
½ TL gemahlener Zimt
1 TL gemahlener Ingwer
½ TL gemahlener Kardamom
abgeriebene Schale von 1 Bio-Zitrone
abgeriebene Schale von 1 Bio-Orange
30 g Sultaninen
40 g getrocknete Aprikosen, grob gehackt
1 Prise Salz
1 TL Backpulver
140 g Haferflocken

Zuerst die Butter mit einem Handrührgerät in etwa 5 Minuten schaumig schlagen. 1 EL Mehl dazugeben, kurz verrühren, dann das Ei hinzufügen und das Ganze in weiteren 2 Minuten zu lockerer Schaummasse schlagen. Vorsichtig das restliche Mehl mit den anderen Zutaten unterheben. Den Teig nicht zu stark schlagen, er soll locker und weich sein. Den Teig in Frischhaltefolie einwickeln und bis zu 1 Stunde in den Kühlschrank legen.

Den Backofen auf 180 °C vorheizen. Drei Backbleche leicht einfetten (oder portionsweise backen).

Mit einem kleinen Löffel oder den Händen eine kleine Menge Teig zu einer Kugel rollen und auf ein Backblech setzen. Auf diese Weise den gesamten Teig verarbeiten. Es sollten über 30 Kugeln werden. Jeweils 12 Kugeln mit etwas Abstand auf ein Backblech legen und mit dem Rücken einer Gabel leicht flach drücken.

Die Kekse portionsweise auf der mittleren Schiene des heißen Backofens 9–10 Minuten backen, bis sie goldbraun sind und duften. Am Ende der Backzeit die Kekse auf einem Kuchengitter auskühlen lassen.

Eine wirklich gute Nussschnitte

Diese Nussschnitte lässt Sie schnell wieder zu Kräften kommen. Man kann sie gut im Voraus zubereiten und in einem luftdicht verschlossenen Behälter aufbewahren. So hat man immer etwas Gutes im Haus, wenn einen der Heißhunger auf etwas Süßes überfällt. Diese Nussschnitte sorgt sofort für neue Energie und ist sehr nahrhaft.

Ergibt 12–15 Schnitten
150 g blanchierte Mandeln, sehr grob gehackt
150 g Pistazien, sehr grob gehackt
80 g Rosinen
200 ml Kokosöl
200 g Butter
100 g Honig
3 EL Kakaopulver (nach Belieben auch mehr)
½ TL Cayennepfeffer (nach Belieben)

Den Backofen auf 180 °C vorheizen. Ein Backblech (25 × 35 cm) einfetten und mit Backpapier auslegen.

Zuerst die Nüsse 6–10 Minuten im Backofen rösten. Dabei sorgfältig darauf achten, dass sie nicht zu dunkel werden. Sie sind fertig, wenn sie ihre Farbe verändern und zu duften beginnen. Die Nüsse zum Abkühlen beiseitestellen.

Das Kokosöl, die Butter, den Honig, das Kakaopulver und den Cayennepfeffer in einem Topf bei mittlerer Hitze erwärmen, aber nicht kochen. Sobald alles geschmolzen ist, den Topf vom Herd nehmen und die Mischung mit dem Handrührgerät zu einer homogenen Masse schlagen.

Die Nüsse und die Rosinen in einer Lage auf das vorbereitete Backblech streuen. Die Honigmischung darübergießen und das Ganze kalt stellen. Sobald die Mischung fest geworden ist, in kleine Stücke schneiden und in einem luftdicht verschlossenen Behälter aufbewahren.

Ein Wort zu Kokosöl

Kalt gepresstes Kokosöl ist ein hochwertiges und nicht ganz billiges Naturprodukt und darf nicht mit industriell gefertigtem Kokosfett verwechselt werden. Obwohl es weitgehend aus gesättigten Fettsäuren besteht, stärkt es das Immunsystem, fördert die Verdauung und sorgt für einen ausgeglichenen Stoffwechsel. Da es vom Körper weniger abgelagert wird als andere Fette, kann es auch beim Abnehmen helfen. Kokosöl ist bei Zimmertemperatur fest, schmilzt aber bereits bei 20–25 °C. Der Rauchpunkt liegt bei stolzen 194 °C, und ebendiese Eigenschaft macht Kokosöl ideal zum Kochen und Backen. Es schmeckt sehr gut und eignet sich hervorragend zum Backen, wenn man den Geschmack von Olivenöl vermeiden möchte.

Mincemeat

Mincemeat ist ein traditionelles Gericht aus dem englischsprachigen Raum, das aus einer Mischung von Früchten, Trockenobst, Weinbrand oder einem Dessertwein und Gewürzen besteht. Ursprünglich gehörte auch Fleisch dazu. Der Aufwand für hausgemachtes Mincemeat lohnt sich unbedingt.

Ergibt 450 g
30 g blanchierte Mandeln
70 g Cranberrys
170 g Tafeläpfel
60 g Sultaninen
60 g Datteln
60 g Soft-Aprikosen, ohne Stein
40 g Rosinen
40 g Korinthen
½ TL gemahlener Ingwer
⅛ TL frisch geriebene Muskatnuss
⅛ TL Mixed Spice, ersatzweise Lebkuchengewürz
80 g Honig
80 g Talg (tierisches Fett oder ungehärtetes Pflanzenfett)
abgeriebene Schale und Saft von 1 Bio-Zitrone
2 EL Marsala

Den Backofen auf 180 °C vorheizen. Die Mandeln 6–10 Minuten im Backofen rösten. Darauf achten, dass sie nicht zu dunkel werden. Sie sind fertig, wenn sie beginnen, die Farbe zu verändern und wunderbar nussig zu duften. Sofort aus dem Backofen nehmen und grob hacken.

Die Äpfel schälen, das Kerngehäuse ausschneiden und das Fruchtfleisch fein hacken. Die Cranberrys und die Äpfel in eine große Rührschüssel geben. Sultaninen, Datteln, Aprikosen und Rosinen grob hacken, dann zusammen mit den Korinthen, den gerösteten Mandeln, den Gewürzen, dem Honig, dem Talg oder Pflanzenfett, der abgeriebenen Zitronenschale und dem Zitronensaft in die Schüssel geben. Das Ganze sorgfältig vermischen, abdecken und über Nacht ruhen lassen.

Am nächsten Tag die Mischung umrühren und den Marsala unterrühren. Die Mischung in trockene, warme, sterilisierte Gläser füllen, beschriften und gut verschließen. (Gläser kann man problemlos sterilisieren, indem man sie in einer Spülmaschine mit sehr heißem Wasser spült oder in einem großen Topf mit Wasser etwas länger als 10 Minuten kocht.)

Damit das Mincemeat richtig gut schmeckt, sollte man die Gläser vor der Verwendung etwa vier Wochen lang an einem kühlen Ort ruhen lassen. Es hält sich etwa drei Monate.

Weihnachtliche Mince Pies

Einer der Gründe, warum ich mich Jahr für Jahr auf Weihnachten freue, sind diese köstlich-fruchtigen kleinen Taschen. Meine Mutter machte sie meistens mit Filoteig, den ich auch manchmal verwende, aber ich bereite sie genauso gern mit meinem eigenen Mürbeteig zu – lecker und so unkompliziert. Es macht viel Freude, diese Pies mit Kindern gemeinsam zu backen – wenn Ihnen Chaos in der Küche nichts ausmacht. Dieses Rezept hat mir meine Mutter überlassen.

Ergibt etwa 24 Pies, je nach Grösse
500 g Dinkelmehl
1 Prise Salz
250 g eiskalte Butter, gewürfelt
fein abgeriebene Schale von 2 Bio-Orangen
2 große Eigelbe
etwas Eiswasser
1 Rezept Mincemeat (siehe Seite 169)
1 Ei, mit etwas Milch verquirlt
1–2 EL feiner Rohrohrzucker, gemischt mit ½ TL Zimt, zum Bestäuben vor dem Backen
1–2 EL Puderzucker aus Rohrohrzucker, zum Bestäuben nach dem Backen (nach Belieben)

Für den Teig das Mehl in eine Schüssel sieben und das Salz hinzugeben. Die gewürfelte Butter und das Mehl mit den Fingerspitzen zu einer krümeligen Masse zerreiben, dann die Orangenschale darüberstreuen. In einer zweiten Schüssel die Eigelbe mit etwas Eiswasser verquirlen. Gerade so viel von der Eiswasser-Eigelb-Mischung in die Mehl-Butter-Mischung einarbeiten, dass sich das Ganze zu einer Kugel formen lässt. Den Teig in Frischhaltefolie wickeln und im Kühlschrank mindestens 30 Minuten ruhen lassen.

Den Backofen auf 220 °C vorheizen. 12 Tartelette-Formen (oder andere Förmchen) einfetten.

Die Arbeitsfläche mit Mehl bestäuben und den Teig etwa 3 mm dick ausrollen. Mit einem passenden Ausstecher, der etwas größer sein muss als der Durchmesser der Förmchen, die erforderliche Anzahl an kreisrunden Teigscheiben ausstechen. Dann mit einem kleineren Ausstecher dieselbe Anzahl Kreisscheiben für die Deckel der Pies ausstechen. Die Teigreste müssen dazu erneut verknetet und ausgerollt werden.

Die Tartelette-Formen mit den größeren Teigkreisen auslegen, in die Mitte einen Löffel Mincemeat geben, dann mit feuchten Fingern oder einem Pinsel die Ränder leicht befeuchten, die Deckel daraufsetzen und die Teigränder zusammendrücken und gut verschließen. Zwei kleine Schlitze in jeden Piedeckel schneiden, damit der Dampf während des Backens entweichen kann. Die Deckel mit ein wenig Ei-Milch-Mischung bestreichen und nach Belieben mit etwas Zimt und Zucker bestreuen.

Die Pies im heißen Ofen etwa 15 Minuten backen (je nach Größe der Pies), bis die Deckel goldgelb sind, dann aus dem Ofen nehmen und in den Förmchen etwas abkühlen lassen. Die Pies aus den Förmchen nehmen, auf ein Kuchengitter legen, nach Geschmack mit Puderzucker bestäuben und mit etwas Brandybutter oder Schlagsahne anrichten.

CREMES, PUDDINGS UND KOMPOTTE

In der eigenen Küche eine Creme, einen Pudding oder ein Kompott zuzubereiten, macht Spaß und schmeckt unendlich viel besser als alles, was man im Supermarkt finden kann. Außerdem ist es unglaublich einfach. Ich freue mich jedes Mal, wenn ich mit einem Korb voller Früchte vom Markt oder aus dem Garten von Freunden nach Hause komme. Einen Teil davon stelle ich in den Kühlschrank, einen Teil nehme ich für einen Kuchen oder ein Dessert und den Rest verarbeite ich zu einem Kompott. Kompotte halten sich lange und können problemlos eingefroren werden. Man kann sie gut für Desserts, zum Frühstück oder als Snack für zwischendurch verwenden. Hausgemachte Puddings erfordern etwas Geduld, weil sie unter stetigem Rühren angedickt werden müssen, sind aber die Mühe wert, weil sie einfach himmlisch schmecken. Ein schlichter griechischer Joghurt kann zu einer außergewöhnlichen Köstlichkeit werden, wenn man ihn mit ein paar Tropfen Orangenblüten- oder Rosenwasser, vielleicht auch mit ein wenig Honig, vermischt und dann zu einem Stück Kuchen genießt. Ich habe eine Seite in diesem Buch essbaren Blüten gewidmet, mit denen ich gern meine Kuchen verziere.

Zimtige Crème fraîche

Zu Winterfrüchten oder sehr süßen Kuchen genießen. Der Zimt sorgt für würzigen Pep, während die Crème fraîche die Süße ein wenig abmildert.

Ergibt etwa 300 g
250 g Crème fraîche
½ TL gemahlener Zimt
80 g heller Honig oder Ahornsirup

Alle Zutaten in einer mittelgroßen Schüssel gründlich vermischen. Zudecken und bis zur Verwendung an einem kühlen Ort aufbewahren.

Vanille-Mascarpone-Creme

Diese feinen und doch gehaltvollen Aromen schmecken hervorragend zu gebackenen oder gerösteten Früchten.

Ergibt etwa 600 g
500 g Mascarpone
3 große Eigelbe
150 ml Ahornsirup
ausgeschabtes Mark von 1 Vanilleschote

Den Mascarpone in einer mittelgroßen Schüssel leicht verrühren. Die Eigelbe in einer kleineren Schüssel verquirlen, den Ahornsirup und das Vanillemark dazugeben und alles gut vermischen. Die Eigelbmischung unter den Mascarpone heben und sorgfältig vermischen. Bis zur Verwendung zugedeckt an einem kühlen Ort aufbewahren.

Ingwercreme

Herrlich zu Kuchen und gedünstetem Obst.

Ergibt etwa 300 g
300 ml Schlagsahne
2 Stücke Ingwer in Sirup, fein gehackt
2 EL Sirup aus dem Ingwerglas

Die Schlagsahne in einer mittelgroßen Schüssel schlagen, bis eine dickflüssige samtige Konsistenz erreicht ist. Den Ingwer mit dem Sirup zur geschlagenen Sahne hinzufügen. Behutsam unter die Sahne heben und das Ganze halbsteif schlagen. Sofort verwenden.

Rosencreme

Diese Creme schmeckt ausgezeichnet zu frischen Sommerfrüchten. Die Konzentration von Rosenwasser kann von Hersteller zu Hersteller stark variieren, deshalb mit einem ½ TL beginnen und abschmecken.

Ergibt etwa 300 g
300 g Schlagsahne
½ TL Rosenwasser
3–4 EL Ahornsirup

Alle Zutaten in einer Schüssel vermischen und halbsteif schlagen. Sofort verwenden.

Rosenjoghurt

Eine leckere Alternative zu griechischem Joghurt, die mit den Honignüssen (siehe Seite 165) ein wunderbares Dessert für alle Tage abgibt.

Ergibt etwa 400 g
400 g griechischer Joghurt oder Naturjoghurt
½ TL Rosenwasser
2 EL heller flüssiger Honig

Behutsam alle Zutaten in einer mittelgroßen Schüssel gründlich vermischen. Sofort verwenden.

Orangenblütenjoghurt

Probieren Sie diesen Joghurt zu Melone und Honignüssen (siehe Seite 165).

Ergibt etwa 400 g
400 g griechischer Joghurt oder Naturjoghurt
½ TL Orangenblütenwasser
2 EL heller flüssiger Honig

Alle Zutaten in einer Schüssel gründlich vermischen. Sofort verwenden.

Vanillepudding englische Art

Der Klassiker schlechthin – einfach herrlich zu heißem oder kaltem gebackenem Obst oder Kompotten. Er hält sich sehr gut im Kühlschrank.

Ergibt etwa 600 ml
½ Vanilleschote
600 ml Vollmilch
4 große Eigelbe
3–4 EL Ahornsirup

Die Vanilleschote und die Milch in einem kleinen Topf langsam zum Kochen bringen. Kurz bevor die Mischung aufkocht, den Topf vom Herd nehmen.

In einer großen Schüssel die Eigelbe mit dem Ahornsirup verquirlen. Die Vanilleschote aus der heißen Milch nehmen, dann die Milch unter ständigem Rühren langsam in die Eigelbmischung gießen. Die Vanilleschote mit einem scharfen Messer längs aufschlitzen und das Mark in den Pudding schaben.

Die Mischung zurück in den Topf geben und bei schwacher Hitze unter ständigem Rühren andicken, bis sie an einem Löffelrücken haften bleibt. Die Mischung keinesfalls kochen lassen, da sie sonst gerinnt.

Sobald die gewünschte Konsistenz erreicht ist, den Pudding in eine kühle Schüssel gießen (bleibt er im Topf, kann er durch die Resthitze des Topfbodens immer noch gerinnen). Gelegentlich mit einem Holzlöffel umrühren, damit sich keine Haut bildet. Warm oder kalt servieren.

Schokoladenpudding englische Art

Meine genießerische Luxusversion des bewährten Klassikers. Dieser Pudding schmeckt fantastisch zu Birnen-Crumble.

Ergibt etwa 600 ml
600 ml Vollmilch
4 große Eigelbe
3 EL Ahornsirup
200 g gute Bitterschokolade, fein gehackt

Die Milch in einem kleinen Topf langsam zum Kochen bringen. Kurz bevor sie aufkocht, den Topf vom Herd nehmen.

In einer großen Schüssel die Eigelbe mit dem Ahornsirup verrühren. Die heiße Milch unter ständigem Rühren langsam über die Eigelbmischung gießen, dann die Schokolade dazugeben.

Die Mischung zurück in den Topf geben und auf kleiner Stufe unter ständigem Rühren andicken, bis sie an einem Löffelrücken haften bleibt. Vom Herd nehmen und in eine kühle Schüssel gießen. Gelegentlich umrühren, damit sich keine Haut bildet. Warm servieren.

Gebackener Rosmarin-Kardamom-Pudding

Bei dieser herrlich altmodischen Süßspeise wird der Pudding zuerst mit Kräutern aromatisiert und dann gebacken. Ich habe mich hier für Rosmarin und Kardamom entschieden, man kann aber genausogut Lorbeerblätter oder Zitronenverbene, Ingwer oder sogar Pfirsichblätter nehmen. Creme mit Pfirsichblättern erinnert mich immer an meine Mutter – ihre Pfirsichbäume sind legendär, und nicht nur die Früchte, auch die Blätter tauchen regelmäßig in ihren Rezepten auf.

Für 6 Personen
600 ml Vollmilch
2 Zweige Rosmarin
4 Kardamom-Kapseln, leicht zerdrückt
2 große Eier und 2 große Eigelbe
4 EL Ahornsirup
½ TL gemahlener Zimt

Die Milch, den Rosmarin und den Kardamom in einem kleinen Topf zum Kochen bringen. Vom Herd nehmen und 15–20 Minuten ziehen lassen. Den Backofen auf 180 °C vorheizen.

In einer großen Schüssel die Eier mit den Eigelben und dem Ahornsirup schaumig schlagen. Die Masse in die aromatisierte Milch gießen und vorsichtig verrühren.

Die Mischung in eine Pie-Form (1,2 Liter Fassungsvermögen) oder in sechs Auflaufförmchen (7,5 cm Durchmesser) gießen und in ein Wasserbad stellen (auf ein Backblech stellen, dann das Backblech mit warmem Wasser füllen, sodass die Form/Förmchen halbhoch im Wasser steht/stehen).

Die Auflaufförmchen 35–40 Minuten und die Pie-Form etwa 1 Stunde im heißen Ofen backen.

Dieser Pudding ist kalt auch ohne weitere Garnitur sehr lecker, kann aber auch gut zu einem Obstkompott oder gedünstetem Obst, mit etwas Zimt bestäubt, gereicht werden.

Apfel-Kardamom-Kompott

Diese Kombination ist vielleicht etwas ungewöhnlich, schmeckt aber einfach köstlich.

Ergibt etwa 650 g
6 Äpfel einer festen und säuerlichen Sorte
5 Kardamom-Kapseln, leicht zerdrückt
200 g Honig
2 Zesten von 1 Bio-Zitrone

Die Äpfel schälen und das Kerngehäuse entfernen. Das Fruchtfleisch würfeln. Alle Zutaten in einen mittelgroßen Topf geben, ein paar EL Wasser angießen, einen Deckel auflegen und 10–15 Minuten leise köcheln lassen, bis die Äpfel weich und zu einem Mus geworden sind. Warm oder kalt servieren.

Apfel-Birnen-Kompott mit Ingwer

Ein leckeres Dessert für den Herbst, um überschüssiges Obst zu verwerten.

Ergibt etwa 650 g
3 Äpfel einer festen und säuerlichen Sorte
3 reife Birnen
2 Stücke Ingwer in Sirup, gehackt
2 EL Sirup aus dem Ingwerglas
2 Zesten von 1 Bio-Zitrone
200 g Honig oder Ahornsirup

Die Äpfel und Birnen schälen und das Kerngehäuse entfernen. Das Fruchtfleisch würfeln. Alle Zutaten in einen großen Topf geben, ein paar EL Wasser angießen, einen Deckel auflegen und 10–15 Minuten leise köcheln lassen, bis die Birnen weich sind und sich in ein köstliches Mus verwandelt haben. Warm oder kalt servieren.

Apfel-Rosengeranien-Kompott

Für dieses Rezept eignen sich zwar die Blätter aller Duftgeranien, aber ich mag die Rosengeranien besonders gern.

Ergibt etwa 650 g
8 mittelgroße Tafeläpfel
200 g heller Honig
Saft und 2 Zesten von 1 Bio-Zitrone
3–4 Blätter der Rosengeranie (*Pelargonium graveolens*)

Die Äpfel schälen und das Kerngehäuse entfernen. Das Fruchtfleisch würfeln. Die Zutaten in einen großen Topf geben. Zuerst mit einer Lage Backpapier, dann mit dem Topfdeckel abdecken. So kann der Dampf nicht entweichen, die Äpfel werden schön weich und nehmen das Rosenaroma der Geranienblätter am besten auf. Bei sehr schwacher Hitze köcheln, bis die Äpfel weich, aber nicht zerkocht sind. Heiß oder kalt servieren.

Rhabarber-Hibiskus-Kompott

Dieses Kompott besticht nicht nur durch seine Farbe, sondern auch durch die besondere Note, die der Hibiskus dem Rhabarber verleiht.

Ergibt etwa 1 kg
1 kg Rhabarberstiele, in 6 cm lange Stücke geschnitten
200 g Ahornsirup
8 getrocknete Hibiskusblüten

Die Zutaten in einen mittelgroßen Topf geben, vorsichtig vermischen und mit einem Deckel abdecken. Den Rhabarber bei mittlerer bis schwacher Hitze langsam erhitzen, sodass sein Saft beginnt auszutreten. Etwa 15 Minuten kochen, bis die Mischung langsam zu einer Sauce wird. Den Deckel abnehmen und das Ganze bei mittlerer Hitze unter ständigem Rühren 15 Minuten kochen, bis der Rhabarber vollständig zerkocht ist. Das Rhabarberkompott vom Herd nehmen und zum Abkühlen in eine Schüssel geben. Die Hibiskusblüten aus dem abgekühlten Kompott entfernen und wegwerfen. Heiß oder kalt servieren.

Feigenkompott

Dieses Kompott kann man zusammen mit griechischem Joghurt als leckeres Frühstück oder mit der Ingwercreme auf Seite 174 als Dessert genießen.

Ergibt etwa 650 g
60 g Butter
150 g Honig
½ Vanilleschote, längs aufgeschnitten
500 g reife Feigen, entstielt und geviertelt
1 Prise Salz

Den Backofengrill vorheizen. Die Butter, den Honig und die Vanilleschote in eine ofenfeste Pfanne geben, die groß genug ist, um die Feigen in einer einzigen Lage aufzunehmen. Die Butter-Honig-Mischung bei starker Hitze auf dem Herd etwa 1 Minute erhitzen, bis die Mischung beginnt, Blasen zu werfen, dann bei schwacher Hitze die Feigen hineingeben und alles gut verrühren, um die Feigen mit der Honigmischung zu überziehen.

Die Pfanne unter den vorgeheizten Backofengrill stellen und die Feigen 5–6 Minuten backen. Die Pfanne muss eventuell gelegentlich geschwenkt werden, damit die Feigenränder nicht anbrennen. Die Feigen sind fertig, wenn sie an den Rändern Farbe angenommen haben. Die Sauce sollte etwas dickflüssig sein.

Das Feigenkompott warm mit Joghurt anrichten.

Himbeer-Heidelbeer-Apfelkompott

Dieses Kompott kann aus allen Arten von Sommerbeeren zubereitet werden. Außerdem kann man es problemlos einfrieren und den ganzen Winter hindurch genießen, wenn Beeren eigentlich purer Luxus sind.

Ergibt etwa 800 g
6 Äpfel einer festen und säuerlichen Sorte
250 g Himbeeren
250 g Heidelbeeren
200 g Honig
½ Vanilleschote, längs aufgeschnitten

Die Äpfel schälen und das Kerngehäuse entfernen. Das Fruchtfleisch würfeln. Alle Zutaten in einen mittelgroßen Topf geben, ein paar EL Wasser angießen und das Ganze 10–15 Minuten leise köcheln lassen, bis die Äpfel weich und zu einem goldgelben Mus geworden sind.

Heiß mit Schlagsahne anrichten, mit Streuseln überbacken oder mit Joghurt morgens zum Müsli genießen.

Pflaumenkompott mit Zimt und Sternanis

Dieses Kompott gibt mit einem guten Vanilleeis ein leckeres Dessert ab.

Ergibt etwa 500 g
500 g reife süße Pflaumen, halbiert und entsteint
4 EL dunkler Honig
1 Zimtstange
2 Sternanis

Alle Zutaten in einen mittelgroßen Topf geben, mit 4 EL Wasser beträufeln, aufkochen und zugedeckt 15–20 Minuten kochen. Heiß oder kalt servieren.

Kirschkompott

Da man dieses Kompott hervorragend einfrieren kann, ist es auch mitten im Winter ein Hochgenuss, vor allem zu meinem Schokoladen-Kastanien-Kuchen (siehe Seite 55).

Ergibt etwa 600 g
600 g Kirschen, Stiele entfernt, halbiert und entkernt (ersatzweise TK)
ausgeschabtes Mark von 1 Vanilleschote, ersatzweise 1 TL Vanilleextrakt
1 Bio-Zitrone
1–2 EL Speisestärke
Ahornsirup oder Honig nach Geschmack

Die Kirschen, die Vanille und 300 ml Wasser in einem großen Topf aufkochen. 2 Zitronenzesten und 1 EL Zitronensaft hinzufügen.

1 EL Speisestärke in 3–4 EL kaltem Wasser auflösen und unter kräftigem Rühren zu den Kirschen gießen, damit sich keine Klümpchen bilden. Ist die Sauce zu dünn, den Vorgang wiederholen. Das Kompott mit Ahornsirup oder Honig nach Geschmack süßen und etwa 10 Minuten köcheln lassen. Heiß oder kalt servieren.

Essbare Blüten

Essbare Blüten sind Nahrung für die Seele. Ich erinnere mich gern daran, wie ich als Kind Kuchen mit Rosen verziert, Lavendel- und Zitronenmelisseblüten für Kräutertee gesammelt und Kapuzinerkresse und Ringelblumen in Salat gemischt und mit meiner Mutter und meinen Brüdern Sekt mit Holunderblütensirup und kalte Drinks mit Borretschblüten gemixt habe. Blumen gehören schon immer zu meinen Leidenschaften, sie sind ein Teil meines Lebens, und ich bin sicher, dass das bei den meisten Menschen so ist. Blumen sind immer ein Zeichen dafür, dass wir einen Menschen mögen, uns bei ihm entschuldigen oder zeigen möchten, dass wir für ihn da sind. Ich habe einige essbare Blüten aufgelistet, die zum Teil roh verzehrt werden können, zum Teil verarbeitet werden müssen, weil sie, wie zum Beispiel die Holunderblüten, roh praktisch ungenießbar, als Sirup aber sehr schmackhaft sind. Kleine Veilchen und Schlüsselblumen, aber auch Rosenblätter eignen sich hervorragend zum Verzieren von kleinen Kuchen.

Für kandierte Blüten oder Blütenblätter benötigt man 300–400 g nicht raffinierten feinen Rohrohrzucker, 1 Eiweiß, einen Pinsel, ein mit Backpapier ausgelegtes Backblech und einige Blüten nach Geschmack. Achten Sie darauf, dass die Blüten unbehandelt, sauber und vollständig trocken sind. Die Blütenblätter vorsichtig von allen Seiten gleichmäßig, nicht zu dünn und nicht zu dick, mit Eiweiß bestreichen. Ausgesparte Stellen kandieren nicht und welken beim Trocknen. Dann aus etwa 20–30 cm Höhe die Blütenblätter behutsam mit Zucker bestreuen. Vorsichtig auf das ausgelegte Backblech legen und an einem luftigen, warmen und trockenen Ort, z. B. in der Resthitze eines Backofens, trocknen, bis sie fest sind. Die Trockenzeit kann je nach Größe der Blüten oder Blütenblätter stark variieren. Kleine Blütenblätter brauchen mehrere Stunden, eine ganze Rose bis zu 12 Stunden, um fest zu werden.

Würzige Kräuterblüten

Das Aroma dieser Blüten ist eine milde Variante des würzig-kräftigen Geschmacks ihrer Kräuter. Es verleiht Speisen eine besondere Note. Verwenden Sie die entstielten Blätter zusammen mit den Blüten von Basilikum, Dill, Fenchel, Eisenkraut, Zitronenmelisse, Zitronenverbene, Majoran, Oregano, Salbei und Thymian.

Basilikum *(Ocimum basilicum)*
Dill *(Anethum graveolens)*
Echte Kamille *(Matricaria recutita)*
Echter Lavendel *(Lavendula officinalis)*
Eisenkraut *(Hyssopus officinalis)*
Fenchel *(Foeniculum vulgare)*
Kapuzinerkresse *(Tropaeolum majus)*
Kohl *(Brassica spp)*
Koriander *(Coriandrum sativum)*
Knoblauch-Schittlauch *(Allium tuberosum)*
Majoran *(Origanum majorana)*
Oregano *(Origanum vulgare)*
Rosmarin *(Rosmarinus officinalis)*
Salbei *(Salvia spp)*
Schnittlauch *(Allium schoenoprasum)*
Thymian *(Thymus spp)*
Zitronenmelisse *(Melissa officinalis)*
Zitronenverbene *(Aloysia triphylla)*

Milde Kräuterblüten

Diese Blüten haben ein eher süßliches als pikantes Aroma und schmecken manchmal leicht bitter, darunter Wegwarte, Löwenzahn und Schafgarbe.

Borretsch *(Borago officinalis)*
Holunder *(Sambucus spp)*
Kleiner Wiesenknopf *(Poterium sanguisorba)*
Königskerze *(Verbascum)*
Löwenzahn *(Taraxacum officinale)*
Malve *(Malva spp)*
Palmlilie *(Yucca spp)*
Passionsblume *(Passiflora spp)*
Ringelblume *(Calendula officinalis)*
Schafgarbe *(Achillea millefolium)*
Vogelmiere *(Stellaria media)*
Wegwarte *(Chicorium intybus)*
Weißdorn *(Crataegus spp)*
Wiesen-Klee *(Trifolium pratense)*

Süssliche Blumenblüten

Blumenblüten geben das Aroma ihres Duftes an viele Speisen weiter. Legt man einige Blüten zehn Minuten lang in Wasser, kann man ihr Aroma schmecken.

Apfelblüte *(Malus domestica)*
Duftveilchen *(Viola odorata)*
Geranie *(Pelargonium spp)*
Flieder *(Syringa vulgaris)*
Japanisches Geißblatt *(Lonicera japonica)*
Nelken *(Dianthus spp)*
Orangenblüte *(Citrus sinensis)*
Petunie *(Petunia hybrida)*
Pflaumenblüte *(Prunus domestica)*
Schmetterlingsingwer *(Hedychium flavescens)*
Taglilie *(Hemerocallis spp)*
Zitronenblüte *(Citrus limon)*

Milde Blumenblüten

Milde Blüten haben ein dezentes Aroma. Sie verleihen jeder Speise ein köstlich süßliches Aroma.

Chrysanthemen *(Chrysanthemum morifolium)*
Echte Schlüsselblume *(Primula veris)*
Gänseblümchen *(Bellis perennis)*
Gladiole *(Gladiolus spp)*
Hornveilchen *(Viola cornuta)*
Kürbis/Zucchini *(Cucurbita spp)*
Pfingstrose *(Paeonia spp)*
Stockrose *(Alcea rosea)*
Stiefmütterchen *(Viola wittrockiana)*
Schlüsselblume *(Primula vulgaris)*
Sonnenblume *(Helianthus annus)*
Wildes Stiefmütterchen *(Viola tricolor)*

KRÄUTERTEES

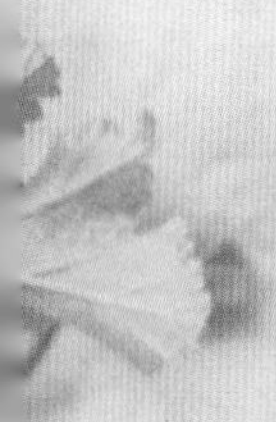

Kräutertees können sowohl anregend als auch beruhigend wirken. Sie erfrischen den Gaumen und sind wunderbare Begleiter zu Mahlzeiten, insbesondere zu Kuchen. Schon als Kind habe ich sehr gern Tee getrunken. Meine Mutter schickte mich damals oft zum Sammeln der verschiedensten frischen Kräuter in den Garten. Dann wurden diese in einer wundervollen chinesischen Teekanne aufgegossen, die meine Eltern zur Hochzeit bekommen hatten. Sie hatte eine spezielle Ummantelung, durch die der Tee stundenlang heiß blieb. Kräutertees liegen derzeit im Trend, und so findet man auch in Geschäften viele wunderbare Mischungen. Ich ziehe Kräutertee in der Regel einem traditionellen Tee vor, aber es kommt natürlich darauf an, wozu ich ihn trinke. So praktisch Teebeutel auch sein mögen, ob mit Kräutern oder schwarzem Tee, meiner Meinung nach geht nichts über einen frisch gebrühten Tee. Ich habe in dieses Kapitel eine Reihe von Tees aufgenommen, die einfach gut tun, beruhigen und die Stimmung heben. Und ich möchte Ihnen hier meinen Freund und Autorenkollegen Rowan Somerville vorstellen. Als großer Teeliebhaber wird er auf ein paar Details rund um dieses feine Getränk eingehen und erläutern, wie man damit umgeht.

Teelikat!

It's tea time … Ich selbst bin ja geradezu besessen von diesen kleinen Blättchen, bevor ich aber darauf eingehe, warum sie so fantastisch sind, hier ein paar Grundlagen. Was wir üblicherweise Tee nennen, ist das Blatt des immergrünen Strauchgewächses *Camellia sinesis*. In alten chinesischen Texten steht geschrieben, dass der Tee vor mehr als 4700 Jahren von dem sagenumwobenen Zweiten Kaiser Shennong entdeckt worden sei. Der als »Göttlicher Heiler« bekannte Kaiser soll 365 Pflanzen auf ihre Heilwirkungen untersucht haben – was ihn leider dann das Leben kostete. Aber nach wie vor gilt er als der Vater der Chinesischen Medizin, und Tee hat bislang nichts an Beliebtheit eingebüßt.

Um eine Vorstellung von den verschiedenen Teearten und ihrer Entstehung zu bekommen, kann man sich Tee in drei Farben vorstellen: schwarz, blau und grün. Schwarzer Tee ist das Produkt, das die meisten Menschen mit Tee verbinden und das von drei Vierteln aller Teetrinker getrunken wird. Für schwarzen Tee werden die Blätter vom Strauch gepflückt, man lässt sie leicht welken und dann oxidieren. Dahinter steckt viel mehr als nur ein kräftiger Wachmacher in der Arbeitspause – auch wenn es in harten Zeiten wohl nichts Besseres gibt als einen starken Aufguss mit viel Vollmilch und zwei Stück Zucker.

Blauer Tee, besser bekannt als Oolong, liegt irgendwo zwischen schwarzem und grünem Tee. Er hat oxidiert, was ihm einige der vielfältigen und robusten Aromen des Schwarztees verleiht, weist aber noch – in mehr oder weniger hoher Konzentration – etwas von der grasig-grünen Frische des grünen Tees auf.

Grüner Tee wird gepflückt und kurz erhitzt, gedämpft oder geröstet. Dadurch kommt es nicht zur Oxidierung, und alle Wirkstoffe bleiben erhalten. Das heißt nicht, dass Schwarztee oder Oolong nicht gesund wären – jeder Tee ist gesund –, aber grüner Tee ist in dieser Hinsicht am besten, und viele seiner gesundheitsfördernden Eigenschaften sind wissenschaftlich nachgewiesen. Die Tee-Lobby behauptet gern, dass er das Immunsystem stärkt, das »schlechte« Cholesterin senkt und das »gute« erhöht, blutverdünnend und verdauungsfördernd wirkt und sogar die Lebenserwartung steigern soll. Davon ist bislang nichts wissenschaftlich nachgewiesen. Fest steht allerdings, dass Tee Polyphenole enthält, ein Antioxidans, das Zellen vor DNA-Schädigungen zu schützen scheint, die Krebs und andere Krankheiten auslösen können. Wie auch immer, grüner Tee ist gesund, und alle anderen Dinge, die ich ebenso sehr genieße wie Tee, sind entweder ungesund oder eine ganz intime Angelegenheit.

Besonders hochwertiger Tee ist natürlich teuer, aber er ist auch eine wunderbare Art, sich etwas Gutes zu tun. Eine erstklassige Flasche Wein kann schnell mehrere Dutzend oder Hunderte Euro kosten. Einmal geöffnet ist sie schnell ausgetrunken, und übrig bleibt eine leere Flasche und vielleicht ein schwerer Kopf (wenn man so gierig ist wie ich). Wenn Sie dagegen beispielsweise 50 g grünen Tee kaufen, ergibt das eine Ausbeute von mindestens 25 Tassen Tee … und selbst bei den besten Grüntees der Welt wie beispielsweise chinesischem Longjing oder japanischem Gyokuro würde dann eine Tasse kaum mehr als 2 oder 3 Euro kosten. Und eine hochwertige Teesorte für jeden Tag ist sehr, sehr viel günstiger.

Mir gefällt der Gedanke, dass Tee gesund ist, ich finde es wunderbar, mir und anderen mehrmals am Tag etwas Gutes gönnen zu können, aber ganz besonders fasziniert bin ich von der natürlichen Schlichtheit des Tees. Es geht hier um nichts anderes als ein Blatt. All die feinen Aromen und Düfte entstammen einem in Wasser getauchten Blatt. Jeder Schluck eines guten Tees macht mir die Wunder der Natur bewusst. Und, seien wir ehrlich, es gibt so viel Leid auf diesem Planeten, dass wir wahrlich alle schlichten Freuden umso mehr schätzen sollten.

Teegenuss

Ich weiß, dass wahre Teekenner schon beim bloßen Gedanken an Teebeutel ihre hochsensiblen Nasen rümpfen, aber alles hat seine Zeit und seinen Ort. Kann man wirklich von Angehörigen anstrengender Berufe, wie zum Beispiel Krankenschwestern (die viel Tee trinken), erwarten, dass sie jedes Mal eine Porzellankanne vorwärmen und die sich entfaltenden Feinheiten des Tees aus dem ganzen Blatt auskosten, wenn Patienten darauf warten, versorgt zu werden? Natürlich nicht. Also her mit dem Teebeutel! Ich mag die Tees von Yorkshire, ich mag die Bewleys in Irland, und am meisten mag ich Clipper Organic Assam – für mich persönlich gibt es keinen besseren Tee für Milch (und Zucker) als Assam. Wenn Sie aber das Vergnügen am schwarzen Tee in seiner ganzen Vielfalt erleben möchten, dann müssen Sie lose Teeblätter kaufen, Ihre beste Teekanne herausholen und sie so trinken, wie sie sind, also Blatt + Wasser + Mund. Dies sind meine Lieblingssorten.

Schwarzer Tee

Assam habe ich bereits erwähnt, ein Tee, der für mich vielschichtig, kräftig und malzig im Geschmack sein sollte. Aber wenn Assam unter den Tees der Kraftprotz ist, dann ist der goldgelbe Darjeeling der charmante, aparte Poet. Sobald der Frühling angebrochen ist, sollten Sie sich zu einem guten Teehändler aufmachen und sich einen First Flush Darjeeling gönnen. Der beste, den ich jemals getrunken habe, kommt vom Glenburn Tea Estate, aber es gibt auch viele andere. Für mich sollte Darjeeling frisch und zart nach Muskateller schmecken und, im Frühling, fast grün mit grasiger Frische sein.

Oolong

Damit kann man sich endlos lange beschäftigen, und eigentlich gebe ich hierfür am meisten Geld aus (obwohl das nicht nötig wäre). Es gibt wunderbare Oolongs aus Taiwan, teilweise mit einer honigartigen Note, viele köstliche Oolongs aus China, darunter der Phoenix Mountain Tee, und einige Sorten mit einem Zitrusaroma, das fast an Grapefruit erinnert. Oolongs können dunkel und komplex sein, leicht und aromatisch, holzig, grasig, blumig oder auch alles gleichzeitig und mehr. Einige meiner Oolongs stammen nicht nur aus einem einzigen Gebiet, sondern sogar von nur einer alten Pflanze.

Grüner Tee

Der gesündeste, der frischste, der grünste – ich liebe grünen Tee wirklich über alles. Am häufigsten trinke ich grünen Tee aus China oder Japan. Beide Völker haben unterschiedliche Anbau- und Herstellungsverfahren und erzielen unterschiedliche Ergebnisse. In China werden die Blätter durch Rösten erhitzt, in Japan durch Dämpfen. Meistens habe ich in meiner Sammlung einen Tee für jeden Tag, einen besonderen Tee und einen speziellen Tee für die ganz besonderen Momente.

Die Zutaten für einen guten Tee sind Tee und Wasser. Beiden kommt dabei große Bedeutung zu. Nehmen Sie das beste Wasser, das Sie bekommen können. Ich bin immer den Berg hinaufgestiegen, an dem ich im westlichen Irland lebte, um dort frisches Quellwasser für meinen Tee zu holen, aber ich bin da vielleicht ein wenig zu penibel. Wenn Ihr Leitungswasser nicht überzeugt und keine Gebirgsquelle in der Nähe ist, dann verwenden Sie einfach gefiltertes Wasser! Schwarzer Tee kann mit kochend heißem Wasser aufgebrüht werden (mit Ausnahme von frühem Darjeeling, da dieser zu zart ist), Oolong mit etwas weniger heißem. Alle grünen Tees dürfen keinesfalls mit kochendem Wasser aufgegossen werden, das würde sämtliche Inhaltsstoffe zerstören. Die Blätter benötigen Platz, um sich gut entfalten und ziehen zu können. Wie lange Sie den Tee ziehen lassen, finden Sie am besten selbst heraus. Und dann genießen Sie ihn!

Minze-Brennnessel-Tee

Dieser Tee ist reich an Mineralien und Vitaminen, und zudem enthält er pflanzliche Hormone, die sich ausgleichend und stärkend auf den Körper auswirken. Er ist erfrischend, reinigt das Blut und passt besonders gut in die Frühlings- und Sommermonate, wenn es reichlich frische Kräuter gibt. Die Minze sorgt für frischen Geschmack und rundet das eher erdige Aroma der Brennnessel ab.

500 ml kochendes Wasser
3 Zweige Minze
3 junge Brennnesselspitzen

Das kochende Wasser über die frischen Kräuter gießen, zugedeckt 10 Minuten ziehen lassen und abseihen.

Zitroniger Verbenen-Melissen-Lavendeltee

Dies ist mein Lieblings-Kräutertee – er ist einfach klasse: entspannend, erfrischend und lecker. Dieser wahre Allround-Wohlfühltee macht gute Laune, hebt die Stimmung, ist ein natürliches Mittel gegen Viren, unterstützt kognitive Tätigkeiten und sorgt dabei noch für einen ruhigen, klaren Kopf.

500 ml kochendes Wasser
2 Zweige Zitronenverbene
2 Zweige Zitronenmelisse
4 junge Lavendelähren (die Blüten)

Das kochende Wasser über die frischen Kräuter gießen, zugedeckt 10 Minuten ziehen lassen und abseihen.

Lavendel-Ananassalbei-Tee

Mit diesem Aufguss kommen Körper und Geist wunderbar zur Ruhe. Er ist daher besonders für den Abend geeignet.

500 ml kochendes Wasser
4 Zweige Ananassalbei
4 junge Lavendelähren

Das kochende Wasser über den Ananassalbei und den Lavendel gießen, zugedeckt 5–10 Minuten ziehen lassen und abseihen.

Ingwer-Zitronen-Tee

Ingwer ist ein fantastisches Mittel, um dem Körper Schwung und Wärme zu verleihen. Er ist basisch, verbessert die Durchblutung und hat eine entzündungshemmende Wirkung. Versuchen Sie, diesen Tee schon ganz früh am Morgen zu trinken. Das bereitet Ihr Verdauungssystem auf den Tag vor. Aber er schmeckt natürlich auch zu jeder anderen Tageszeit.

½ Bio-Zitrone
1 daumengroßes Stück frischer Ingwer, geschält und in feine Scheiben geschnitten
500 ml kochendes Wasser

Von der Zitrone 2 dünne Scheiben abschneiden, den Rest auspressen. Ingwer und Zitronenscheiben in eine Teekanne geben, mit kochendem Wasser übergießen und den Zitronensaft dazugeben. Das Ganze zugedeckt 10 Minuten ziehen lassen und abseihen.

Ingwer-Honig-Tee

Naturbelassener Honig wirkt antimikrobiell, entzündungshemmend, wärmend, entspannend und fördert die Verdauung. Vielleicht finden Sie sogar einen guten Honig bei einem Imker vor Ort. Ingwer wirkt anregend, wärmend und ist gut für die Verdauung. Beides zusammen ergibt einen wohltuenden Tee und ein köstliches Wintergetränk. Nach Belieben können Sie noch eine Zitronenscheibe in die Tasse geben.

1 EL geschälter und frisch geriebener Ingwer
500 ml kochendes Wasser
naturbelassener Honig nach Geschmack

Den Ingwer und das Wasser in einen kleinen Topf geben und 5 Minuten kochen lassen. Abseihen und den Aufguss etwas abkühlen lassen. Dann den Honig dazugeben und servieren.

Zitronengras-Tee mit Zitrone

Dieser Tee ist sehr basisch, wirkt entspannend und belebend und ist auch großartig, um den Gaumen zu erfrischen.

500 ml kochendes Wasser
2 Stängel Zitronengras, quer in feine Scheiben geschnitten
2 Scheiben Bio-Zitrone

Das kochende Wasser über das Zitronengras gießen, die Zitronenscheiben dazugeben, abdecken und 5–10 Minuten ziehen lassen. Abseihen und trinken.

Tee aus Schachtelhalm, Brennnesseln und Himbeerblättern

Schachtelhalm ist reich an Kieselerde und somit sehr gut für Haut, Haare und Nägel. Brennnessel gilt als Haut- und Haartonikum sowie als nützlich zur Blutreinigung. Himbeerblätter stärken die weiblichen Geschlechtsorgane und wirken als innerliches Schönheitsmittel, weshalb dieser Tee heilsam ist während der Schwangerschaft, allerdings erst im letzten Drittel.

500 ml Wasser
1 EL getrockneter Schachtelhalm
1 EL getrocknete Brennnesseln
1 EL getrocknete Himbeerblätter

Das Wasser und die getrockneten Kräuter in einen kleinen Topf geben, 10 Minuten kochen lassen und abseihen.

Fencheltee

Ich liebe Geschmack und Aroma dieses Aufgusses. Fenchel wirkt gegen Blähungen, daher ist dieser Tee eine gute Wahl nach einer schweren Mahlzeit. Sehr gut ist er auch für stillende Mütter.

500 ml kochendes Wasser
1 TL Fenchelsamen oder nach Geschmack

Das kochende Wasser über die Fenchelsamen gießen, zugedeckt 5–6 Minuten ziehen lassen und abseihen.

Holunderblüten-Zitronen-Tee

Holunderblüten sind ein natürliches Mittel gegen Viren, stärken das Immunsystem und sind in Kombination mit Zitrone eine wahre Delikatesse.

500 ml kochendes Wasser
2 TL getrocknete Holunderblüten
2 Scheiben Bio-Zitrone
Honig, nach Geschmack

Das kochende Wasser über die Holunderblüten gießen, die Zitronenscheiben dazugeben, den Tee 5–10 Minuten ziehen lassen und abseihen. Nach Belieben mit etwas Honig süßen.

Tee aus Salbei, Zitrone, Ingwer und Cayennepfeffer

Dieser Tee wirkt fantastisch gegen aufkommende Erkältungs- oder Grippesymptome. Der feurige Cayennepfeffer reichert das Gewebe mit Sauerstoff an, was dazu beiträgt, die heilenden Eigenschaften der anderen Zutaten im Körper zu entwickeln. Er schmeckt köstlich und hilft dabei, schnell wieder fit zu werden. Ahornsirup sorgt für eine leicht rauchige Süße, aber man kann auch mit Honig süßen.

500 ml kochendes Wasser
5 Salbeiblätter
Saft von 1 Bio-Zitrone
1 daumengroßes Stück frischer Ingwer, geschält und in feine Scheiben geschnitten
½ TL Cayennepfeffer
Ahornsirup, nach Geschmack

Das kochende Wasser über den Salbei, die Zitronenscheiben und die Gewürze gießen und 5–10 Minuten ziehen lasssen. Dann nach Geschmack Ahornsirup zugeben. Abseihen und trinken.

Rosenknospentee

Blumen sind Nahrung für die Seele, und Rosen tun sowohl der Seele als auch dem Herzen gut. Sie sind reich an Antioxidantien, und vor allem ist ihr Aroma einfach himmlisch. Bei diesem Rezept können Sie das kochende Wasser auch gleich in die Tassen gießen, die Rosenknospen behutsam direkt in das heiße Wasser legen und 5–6 Minuten ziehen lassen.

500 ml kochendes Wasser
5–6 Rosenknospen

Das kochende Wasser über die Rosenknospen gießen, abdecken und 5–10 Minuten ziehen lassen. Abseihen und trinken.

Orangenblütentee

Dieser zart-aromatische Tee ist köstlich zu meinem Limettenkuchen mit Orangenblüten und Pistazien (siehe Seite 13).

500 ml kochendes Wasser
7–8 Orangenblüten

Das kochende Wasser über die Orangenblüten gießen, abdecken und 5 Minuten ziehen lassen. Abseihen und trinken.

Regiſter

A

Ahornsirup 120
Ahornsirup-Baisers mit karamellisierten Birnen 135
Kuchengenuss für zwei 14
Tee aus Salbei, Zitrone, Ingwer und Cayennepfeffer mit Ahornsirup 201
Alte Getreidesorten 104
Alte Obſtsorten 78
Ananassalbei
Lavendel-Ananassalbei-Tee 196
Äpfel
Apfel-Birnen-Kompott mit Ingwer 182
Apfel-Kardamom-Kompott 182
Apfel-Polenta-Kuchen 42
Apfel-Roggen-Kuchen 40
Apfel-Rosengeranien-Kompott 183
Birnen-Ingwer-Crumble 89
Bratäpfel mit Datteln und Honig 82
Brombeer-Apfel-Pie 99
Himbeer-Heidelbeer-Apfelkompott 187
Mincemeat 169
Spritzige Apfel-Mandel-Muffins 152
Tarte Tatin 110
Zucchini-Apfel-Kuchen 50
Apfel-Birnen-Kompott mit Ingwer 182
Aprikosen
Aprikosenbutter 145
Aprikosen-Mandel-Tarte 111
Aprikosen-Piſtazien-Crumble 88
Aprikosen-Soufflé 96
Aprikosentorte mit Rosen 20–21
Gebackene Aprikosen mit Zitronenverbene 81
Sommerliche Früchtetartes 115
Aprikosenbutter 145

B

Baisers 127–137
Ahornsirup-Baisers mit karamellisierten Birnen 135
Kleine Haselnuss-Zimt-Baisers 132
Orangenblüten-Mandel-Pavlova mit Pfirsichen 133
Rosenwasser-Piſtazien-Pavlova mit Erdbeeren 136
Stufige Sommerbeeren-Pavlova 130
Bananen
Bananen-Zimt-Kuchen 62
Basisrezept für Kuchen aus Nussmehl 51
Birnen
Ahornsirup-Baisers mit karamellisierten Birnen 135
Apfel-Birnen-Kompott mit Ingwer 182
Birnen-Ingwer-Crumble 89
Birnen-Tarte mit Mandelkruſte 117
Birnen-Pflaumen-Kuchen mit Ingwer 43
Birnen-Zimt-Kuchen mit Brombeeren 45
Karamellisierter Birnen-Buchweizen-Kuchen 46
Tarte Tatin mit Birne und Kardamom 116
Birnen-Pflaumen-Kuchen mit Ingwer 43
Biskuitauflauf, Großmutters 93
Blitz-Blätterteig mit Dinkelmehl 102
Blitz-Roggenteig 104
Blüten, essbare 190
Blutorangen-Rosmarin-Tarte 123
Brennnessel
Minze-Brennnessel-Tee 196
Tee aus Schachtelhalm, Brennnesseln und Himbeerblättern 200
Brombeeren
Birnen-Zimt-Kuchen mit Brombeeren 45
Brombeer-Apfel-Pie 99
Brombeertorte mit Rosengeranien 32
Kleine Haselnuss-Zimt-Baisers 132
Maronikuchen mit dunklen Beeren 39
Schwarze Beeren mit Mascarpone 96
Buchweizenmehl
Buchweizentaler mit Aprikosenbutter 145
Karamellisierter Birnen-Buchweizen-Kuchen 46
Buchweizentaler mit Aprikosenbutter 145

C

Cayennepfeffer
Tee aus Salbei, Zitrone, Ingwer und Cayennepfeffer mit Ahornsirup 201
Chriſtmas Cake 73
Crème fraîche
Passionsfruchtcreme 124
Zimtige Crème fraîche 174
Cremes 173–177
Ingwercreme 174
Passionsfruchtcreme 124
Rosencreme 177
Crumbles
Aprikosen-Piſtazien-Crumble 88
Birnen-Ingwer-Crumble 89
Cupcakes
Cupcakes mit Beeren, zauberhafte 157
Cupcakes, würzige 142
Erdbeer-Gerſte-Cupcakes 159
Würzige Cupcakes 142

D

Dattelkuchen mit Zitrus-Frischkäse-Glasur 74
Datteln
Bratäpfel mit Datteln und Honig 82
Dattelkuchen mit Zitrus-Frischkäse-Glasur 74
Kaſtenkuchen mit Datteln, Walnüssen und Pekannüssen 61
Desserts
Aprikosen-Piſtazien-Crumble 88
Aprikosen-Soufflé 96
Bratäpfel mit Datteln und Honig 82
Birnen-Ingwer-Crumble 89
Brombeer-Apfel-Pie 99
Gebackene Aprikosen mit Zitronenverbene 81
Gebackene Honigfeigen 82
Gebackener Rhabarber mit Orange und eingelegtem Ingwer 83
Gegrillte Pfirsiche mit Mascarponecreme 78
Großmutters Biskuitauflauf 93
Natur-Milchreis 95
Pflaumenkompott 95
Renekloden-Clafoutis 90
Schoko-Kirsch-Cups 85
Schwarze Beeren mit Mascarpone 96
Dinkelkekse 141
Dinkelmehl 104
Blitz-Blätterteig mit Dinkelmehl 102
Dinkel-Mürbeteig 105

E

Eier 39
Erdbeeren
Erdbeer Gerſte-Cupcakes 159
Torte mit Holunderblüten und Erdbeeren 18
Rosenwasser-Erdbeer-Torte 17
Rosenwasser-Piſtazien-Pavlova mit Erdbeeren 136

F

Feigen
Feigenkompott 187
Feigen-Mascarpone-Torteletts 112
Feigen-Nuss-Kuchen 58
Gebackene Honigfeigen 82
Fencheltee 198
Früchte
alte Obstsorten 78
Torte mit Sommerbeeren 31
Fruchtige Nusstrüffel 162
Honig-Frucht-Schnitten 146
Reife 111
Sommerliche Früchtetartes 115
Stufige Sommerbeeren-Pavlova 130
Zauberhafte Cupcakes mit Beeren 157

G

Gerstenmehl
Erdbeer-Gerste-Cupcakes 159
Getreide 104

H

Haferflocken
Aprikosen-Pistazien-Crumble 88
Birnen-Ingwer-Crumble 89
Dinkelkekse 141
Haferkekse mit Zitrusnote 167
Haselnüsse
Gegrillte Pfirsiche mit Mascarpone-Creme 78
Kleine Haselnuss-Zimt-Baisers 132
Mini-Muffins mit Heidelbeeren und Haselnüssen 151
Zitronige Haselnuss-Heidelbeer-Torte 22
Heidelbeeren
Apfel-Roggen-Kuchen 40
Heidelbeeren mit Honigsahne 22
Himbeer-Heidelbeer-Apfelkompott 187
Kleine Haselnuss-Zimt-Baisers 132
Maronikuchen mit dunklen Beeren 39
Mini-Muffins mit Heidelbeeren und Haselnüssen 151
Schwarze Beeren mit Mascarpone 96
Zitronige Haselnuss-Heidelbeer-Torte 22
Himbeerblätter
Tee aus Schachtelhalm, Brennnesseln und Himbeerblättern 200
Himbeeren
Himbeer-Heidelbeer-Apfelkompott 187
Himbeer-Mandel-Torte 106
Holunderblüten
Torte mit Holunderblüten und Erdbeeren 18
Holunderblüten-Zitronen-Tee 198
Honig 55
Bratäpfel mit Datteln und Honig 82
Gebackene Honigfeigen 82
Honig-Frucht-Schnitten 146
Honig-Madeleines 158
Honignüsse 165
Ingwer-Honig-Tee 199
Kastenkuchen mit Datteln, Walnüssen und Pekannüssen 61
Lavendelkuchen mit Zitrone und Honig 27
Teekuchen mit Lavendel und Honig 28
Würziger Pflaumen-Honig-Kuchen 35
Zitrusfrüchtekuchen mit Honig-Pistazien-Glasur 68

I

Ingwer
Apfel-Birnen-Kompott mit Ingwer 182
Birnen-Ingwer-Crumble 89
Birnen-Pflaumen-Kuchen mit Ingwer 43
Gebackener Rhabarber mit Orange und eingelegtem Ingwer 83
Ingwercreme 174
Ingwer-Honig-Tee 197
Ingwer-Pfirsich-Muffins 147
Ingwer-Zitronen-Tee 197
Tee aus Salbei, Zitrone, Ingwer und Cayennepfeffer mit Ahornsirup 199

J

Joghurt
Kokoskuchen mit Joghurt und Limettensirup 57
Limettenjoghurt 56
Limettenkuchen mit Orangenblüten und Pistazien 13
Orangenblütenjoghurt 177
Pflaumentarte mit Orangenblütenjoghurt und Orangensirup 109
Rosenjoghurt 177
Teekuchen mit Lavendel und Honig 28

K

Karamell
Karamellisierte Birnen 135
Karamellisierter Birnen-Buchweizen-Kuchen 46
Karamell-Popcorn-Bällchen 164
Tarte Tatin 110
Tarte Tatin mit Birne und Kardamom 116
Kardamom
Dinkelkekse 141
Apfel-Kardamom-Kompott 182
Gebackener Rosmarin-Kardamom-Pudding 181
Tarte Tatin mit Birne und Kardamom 116
Kastanienmehl 104
Kastanienpüree
Schokoladen-Maroni-Kuchen 55
Maronikuchen mit dunklen Beeren 39
Kekse
Dinkelkekse 141
Haferkekse mit Zitrusnote 167
Orangenblüten-Mandel-Kekse 165
Kirschen
Kirschkompott 188
Schoko-Kirsch-Cups 85
Kleingebäck 138-172
Kokosnuss
Dinkelkekse 141
Fruchtige Nusstrüffel 162
Geröstete Kokosnuss 154
Kokoskuchen mit Joghurt und Limettensirup 57
Kokos-Sesam-Makronen 154
Kokostarte mit Passionsfruchtcreme 124
Kokosöl 169
Kokos-Sesam-Makronen 154
Kompotte 182–188
Apfel-Birnen-Kompott mit Ingwer 182
Apfel-Kardamom-Kompott 182
Apfel-Rosengeranien-Kompott 183
Feigenkompott 187
Himbeer-Heidelbeer-Apfelkompott 187
Kirschkompott 188
Pflaumenkompott mit Zimt und Sternanis 188
Rhabarber-Hibiskus-Kompott 183
Kräutertees 193–201
Fencheltee 200
Holunderblüten-Zitronen-Tee 200
Ingwer-Honig-Tee 199
Ingwer-Zitronen-Tee 199
Lavendel-Ananassalbei-Tee 196
Minze-Brennnessel-Tee 196
Rosenknospentee 201
Tee aus Salbei, Zitrone, Ingwer und Cayennepfeffer 201
Tee aus Schachtelhalm, Brennnesseln und Himbeerblättern 200
Zitronengras-Tee mit Zitrone 199
Zitroniger Verbenen-Melissen-Lavendeltee 196
Kuchen und Torten 11–75
Apfel-Polenta-Kuchen 42
Apfel-Roggen-Kuchen 40
Aprikosentorte mit Rosen 20–21
Bananen-Zimt-Kuchen 62
Basisrezept für Kuchen aus Nussmehl 51
Birnen-Pflaumen-Kuchen mit Ingwer 43

Birnen-Zimt-Kuchen mit spätsommerlichen Beeren 45
Brombeertorte mit Rosengeranien 32
Chriſtmas Cake 73
Dattelkuchen mit Zitrus-Frischkäse-Glasur 74
Feigen-Nuss-Kuchen 58
Erdbeeren 18
Honig-Madeleines 158
Karamellisierter Birnen-Buchweizen-Kuchen 46
Kaſtenkuchen mit Datteln, Walnüssen und Pekannüssen 61
Kerniger Muskatnuss-Kuchen 66
Kokoskuchen mit Joghurt und Limettensirup 57
Kuchengenuss für zwei 14
Lavendelkuchen mit Zitronen und Honig 27
Pfirsich-Pinienkernkuchen 24
Sommerlicher Nektarinenkuchen 34
Teekuchen mit Lavendel und Honig 28
Torte mit Holunderblüten und Erdbeeren 18
Torte mit Sommerbeeren 31
Würziger Pflaumen-Honig-Kuchen 35

L

Lavendel
Lavendel-Ananassalbei-Tee 196
Lavendelkuchen mit Zitrone und Honig 27
Teekuchen mit Lavendel und Honig 28
Zitroniger Verbenen-Melissen-Lavendeltee 196
Limetten
Kokoskuchen mit Joghurt und Limettensirup 57
Limettenkuchen mit Orangenblüten und Piſtazien 13
Passionsfrucht-Limettensirup-Kuchen 56

M

Madeleines mit Honig 158
Mandeln
Aprikosen-Mandel-Tarte 111
Basisrezept für Kuchen aus Nussmehl 51
Birnen-Tarte mit Mandelkruſte 117
Eine wirklich gute Nussschnitte 158
Feigen-Nuss-Kuchen 58
Fruchtige Nusſtrüffel 162
Himbeer-Mandel-Torte 106
Honig-Frucht-Schnitten 146
Honignüsse 165
Kerniger Muskatnuss-Kuchen 66
Lavendelkuchen mit Zitrone und Honig 27
Orangenblüten-Mandel-Kekse 165
Orangenblüten-Mandel-Pavlova 133
Orangen-Mandel-Piſtazien-Kuchen ohne Mehl 75
Spritzige Apfel-Mandel-Muffins 152
Maronikuchen mit dunklen Beeren 39
Mascarpone
Feigen-Mascarpone-Torteletts 112
Gegrillte Pfirsiche mit Mascarpone-Creme 78
Schwarze Beeren mit Mascarpone 96
Vanille-Mascarpone-Creme 174
Zitronen-Mascarpone-Tarte 120
Mehlfreier Orangen-Mandel-Piſtazien-Kuchen 75
Milch 58
Schokoladenpudding englische Art 178
Gebackener Rosmarin-Kardamom-Pudding 181
Natur-Milchreis 95
Vanillepudding englische Art 178
Milchprodukte 58
Mincemeat 169
Mince Pies 170
Mini-Muffins mit Heidelbeeren und Haselnüssen 151
Minze-Brennnessel-Tee 196
Mohnkuchen mit Zitronenguss 63
Möhrenkuchen, würzig 49
Muffins
Ingwer-Pfirsich-Muffins 147
Spritzige Apfel-Mandel-Muffins 152
Mürbeteig mit Dinkelmehl 105
Muskatnuss-Kuchen, kernig 66

N

Natur-Milchreis 95
Nektarinen
Sommerlicher Nektarinen-Kuchen 34
Nüsse
Eine wirklich gute Nussschnitte 158
Honignüsse 165
siehe auch Mandeln, Walnüsse usw.
Nussmehle 51, 104

O

Olivenöl 42
Apfel-Polenta-Kuchen 42
Apfel-Roggen-Kuchen 40
Oolong (blauer Tee) 194, 195
Orangen
Blutorangen-Rosmarin-Tarte 123
Gebackener Rhabarber mit Orange und eingelegtem Ingwer 83
Honig-Frucht-Schnitten 146
Orangen-Mandel-Piſtazien-Kuchen ohne Mehl 75
Pflaumentarte mit Orangenblütenjoghurt und Orangensirup 109
Zitrusfrüchtekuchen mit Honig-Piſtazien-Glasur 68
Orangenblüten-Mandel-Kekse 165
Orangenblütenwasser
Limettenkuchen mit Orangenblüten und Piſtazien 13
Orangenblütenjoghurt 177
Orangenblüten-Mandel-Kekse 165
Orangenblüten-Mandel-Pavlova mit Pfirsichen 133
Orangenblütentee 199
Pflaumentarte mit Orangenblütenjoghurt und Orangensirup 109

P

Passionsfrucht
Kokoſtarte mit Passionsfruchtcreme 124
Passionsfrucht-Limettensirup-Kuchen 56
Pavlova
Orangenblüten-Mandel-Pavlova mit Pfirsichen 133
Rosenwasser-Piſtazien-Pavlova mit Erdbeeren 136
Stufige Sommerbeeren-Pavlova 130
Pekannüsse
Honignüsse 165
Kaſtenkuchen mit Datteln, Walnüssen und Pekannüssen 61
Kerniger Muskatnuss-Kuchen 66
Pfirsiche
Biskuitauflauf, Großmutters 93
Gegrillte Pfirsiche mit Mascarpone-Creme 78
Ingwer-Pfirsich-Muffins 147
Orangenblüten-Mandel-Pavlova mit Pfirsichen 133
Pfirsich-Pinienkern-Kuchen 24
Pflaumen
Birnen-Pflaumen-Kuchen mit Ingwer 43
Pflaumenkompott 95
Pflaumenkompott mit Zimt und Sternanis 188
Pflaumentarte mit Orangenblütenjoghurt und Orangensirup 109
Würziger Pflaumen-Honig-Kuchen 35

Pies
Brombeer-Apfel-Pie 99
Weihnachtliche Mince Pies 170
Pinienkerne
Pfirsich-Pinienkern-Kuchen 24
Piſtazien
Aprikosen-Piſtazien-Crumble 88
Eine wirklich gute Nussschnitte 158
Honignüsse 165
Kerniger Muskatnuss-Kuchen 66
Limettenkuchen mit Orangenblüten und Piſtazien 13
Orangen-Mandel-Piſtazien-Kuchen ohne Mehl 75
Rosenwasser-Piſtazien-Pavlova mit Erdbeeren 136
Zitrusfrüchtekuchen mit Honig-Piſtazien-Glasur 68
Polenta
Apfel-Polenta-Kuchen 42
Lavendelkuchen mit Zitrone und Honig 27
Popcorn-Bällchen mit Karamell 164
Puddings 178-181
Schokoladenpudding englische Art 178
Gebackener Rosmarin-Kardamom-Pudding 181
Vanillepudding englische Art 178

R

Reife, Obſt 111
Reis 95
Natur-Milchreis 95
Renekloden-Clafoutis 90
Rhabarber
Gebackener Rhabarber mit Orange und eingelegtem Ingwer 83
Rhabarber-Hibiskus-Kompott 183
Roggenmehl 104
Apfel-Roggen-Kuchen 40
Blitz-Roggenteig 104
Rosengeranienblätter
Apfel-Rosengeranien-Kompott 183
Brombeertorte mit Rosengeranien 32
Rosenknospentee 201
Rosenwasser
Rosencreme 177
Rosenjoghurt 177
Rosenwasser-Erdbeer-Torte 17
Rosenwasser-Piſtazien-Pavlova mit Erdbeeren 136
Rosinen
Eine wirklich gute Nussschnitte 158
Fruchtige Nusſtrüffel 162
Rosmarin
Blutorangen-Rosmarin-Tarte 123
Gebackener Rosmarin-Kardamom-Pudding 181
Rote Bete
Schoko-Rote-Bete-Kuchen ohne Mehl 52

S

Schokolade
Schokoladenpudding englische Art 178
Eine wirklich gute Nussschnitte 158
Fruchtige Nusſtrüffel 162
Schoko-Kirsch-Cups 85
Schokoladen-Maroni-Kuchen 55
Schoko-Rote-Bete-Kuchen ohne Mehl 52
Schoko-Rote-Bete-Kuchen ohne Mehl 52
Schwarze Beeren mit Mascarpone 96
Sommerliche Früchtetartes 115
Soufflé mit Aprikosen 96
Sternanis
Pflaumenkompott mit Zimt und Sternanis 188
Sultaninen
Haferkekse mit Zitrusnote 167

T

Talg: Mincemeat 169
Tartes
Aprikosen-Mandel-Tarte 111
Birnen-Tarte mit Mandelkruſte 117
Blutorangen-Rosmarin-Tarte 123
Feigen-Mascarpone-Tartes 112
Himbeer-Mandel-Torte 106
Kokoſtarte mit Passionsfruchtcreme 124
Pflaumentarte mit Orangenblütenjoghurt und Orangensirup 109
Sommerliche Früchtetartes 115
Tarte Tatin 110
Tarte Tatin mit Birne und Kardamom 116
Zitronen-Mascarpone-Tarte 120
Tee 193–201
Fencheltee 198
Tee aus Salbei, Zitrone, Ingwer und Cayennepfeffer mit Ahornsirup 201
Tee aus Schachtelhalm, Brennnesseln und Himbeerblättern 200
Tee, blauer (Oolong) 194, 195
Tee, grüner 194, 195
Tee, schwarzer 194, 195
Teig
Blitz-Blätterteig mit Dinkelmehl 102
Blitz-Roggenteig 104
Dinkel-Mürbeteig 105
Torten, siehe Kuchen
Trockenfrüchte
Chriſtmas Cake 73
Mincemeat 16
Mince Pies 170
Trüffel, fruchtige Nuss~ 162

V

Vanille
Vanille-Mascarpone-Creme 174
Vanillepudding englische Art 178

W

Walnüsse
Feigen-Nuss-Kuchen 58
Kaſtenkuchen mit Datteln, Walnüssen und Pekannüssen 61

Z

Zauberhafte Cupcakes mit Beeren 157
Zimt
Bananen-Zimt-Kuchen 62
Birnen-Zimt-Kuchen mit Brombeeren 45
Kleine Haselnuss-Zimt-Baisers 132
Pflaumenkompott mit Zimt und Sternanis 188
Zimtige Crème fraîche 174
Zitrone
Dattelkuchen mit Zitrus-Frischkäse-Glasur 74
Torte mit Holunderblüten und Erdbeeren 18
Holunderblüte-Zitronen-Tee 200
Ingwer-Zitronen-Tee 199
Lavendelkuchen mit Zitrone und Honig 27
Mohnkuchen mit Zitronenguss 63
Saftiger Zitronenkuchen 69
Tee aus Salbei, Zitrone, Ingwer und Cayennepfeffer mit Ahornsirup 201
Zitronengras-Tee mit Zitrone 199
Zitronen-Mascarpone-Tarte 120
Zitronige Haselnuss-Heidelbeer-Torte 22
Zitrusfrüchtekuchen mit Honig-Piſtazien-Glasur 68
Zitronengras-Tee mit Zitrone 199
Zitronen-Mascarpone-Tarte 120
Zitronenverbene
Gebackene Aprikosen mit Zitronenverbene 81
Zitroniger Verbenen-Melissen-Lavendeltee 196
Zitronige Haselnuss-Heidelbeer-Torte mit Honigsahne 22
Zitrusfrüchtekuchen mit Honig-Piſtazien-Glasur 68
Zucchini-Apfel-Kuchen 50

Dank

Da sind so viele Menschen, denen ich gerne meinen Dank ausdrücken möchte – eure Zuneigung, Unterstützung, Meinungen, Talente und Kreativität haben viel zur Entstehung dieses Buches beigetragen.

Allen voran möchte ich meiner Verlegerin Sophie Allen für ihren Glauben an mich danken, ihre Geduld, ihre Unterstützung, ihren unermüdlichen Einsatz und ihre Ermutigungen, wenn ich einmal ins Schwanken geriet, und nicht zuletzt natürlich dafür, mir diese wunderbare Gelegenheit eröffnet zu haben. Das war einfach großartig!

Ich danke Kyle Cathie für ihren Glauben an mich und dass sie meine Kuchen so schätzt.

Danke, Ali Allen, dass du mein Komplize warst, und natürlich auch für dein außergewöhnliches gutes Auge und dein großartiges Gefühl für Licht und alles, was dazu gehört. Danke für deine tollen Fotos und deine fantasievollen Requisiten.

Ich danke Michael Harrison für sein umwerfendes Styling. Du bist einfach klasse, und es war eine Freude, mit dir zu arbeiten. Ich fühle mich geehrt, dich im Team zu haben.

Ein besonderer Dank geht an Vanessa Cooke. Eine bessere Freundin kann eine Frau nicht haben – danke für deine grenzenlose Unterstützung und Liebe. Ohne dich wäre ich nicht bis hierher gekommen.

Auch an India Waters geht ein besonderer Dank dafür, dass sie die beste Freundin ist, die eine Frau haben kann – dein Lachen, deine Liebe und deine Freude an meinen gebackenen Werken haben mich immer wieder motiviert.

Ganz besonders danken möchte ich auch Sadie Frost und ihren wunderbaren Kindern. Danke, dass ihr mich nach London gebracht habt. Ich danke auch Holly Davidson und Natalie Ferstendik für eure Begeisterung und Inspiration.

Ein großer Dank gebührt Will White und Minna Moon. Ihr beide habt mein Leben auf unvorstellbare Weise verändert, durch eure Unterstützung und Ermutigung war dies überhaupt möglich.

Danke Gayatri Gorton für die wundervollen Kuchenplatten, Teller, Schüsseln und Becher (gayatrigorton@btinternet.com), Rachel Dormor für die wunderbaren Teller (www.racheldormorceramics.com), Kirsten Hecktermann für die bezaubernden Samtkissen und das umwerfende Holzbesteck (www.kirtenhecktermann.com), Flow Gallery für die außergewöhnliche Keramik (www.flowgallery.co.uk), Linen Works für die schönen Schürzen und die bezaubernde Tischwäsche. Ein Dank geht auch an Cloth Shop für die himmlischen Stoffe (www.theclothshop.net), an Conran Shop für die Keramikwaren und die allerschönste Teekanne der Welt (www.conranshop.co.uk) und auch an Designers Guild für die wunderbaren Keramikwaren (www.designersguild.com).

Ein besonderer Dank geht an Lizzie Harris, die mir gezeigt hat, wo es langgeht.

Besonders danken möchte ich auch Anna Curtis und Glynn Reed. Ihr habt mir geholfen, wieder auf die Beine zu kommen, als ich es am meisten brauchte. Ich danke Lucinda Cary, Orson Shandilya und Eve Shandilya dafür, dass sie zu meiner Familie gehören – ihr bedeutet mir mehr, als ihr euch vorstellen könnt.

Ich möchte ebenfalss dem Schriftsteller Rowan Somerville danken. Es war eine Freude, an deiner außerordentlichen Begeisterung für Tee teilhaben zu können. Danke für deine wunderbaren Worte und deine Unterstützung während des Projekts.

Ein ganz, wirklich ganz besonderer Dank geht an meinen jüngsten Freund und Patensohn, Wilfred Johnson. Ohne dich wäre es nicht zu diesem Buch gekommen, durch deine Geburt wurde es eigentlich erst möglich. Du hast Liebe, Magie, Lachen und deine unglaubliche Mutter in mein Leben gebracht – ich danke dir.

Ich möchte auch deinen Brüdern, Barnaby und Bertie Ross, sowie deinem Cousin, Oscar Collins, dafür danken, dass ihr mir als meine wichtigsten Kuchentester unermüdlich zur Seite steht – eure Meinungen sind für mich von unschätzbarem Wert.

Ein riesengroßer Dank geht an meine ganze Familie und all meine Freunde, insbesondere an meine Brüder. Wir leben auf entgegengesetzten Seiten der Erde, aber ich denke jeden Tag an Euch, ebenso an meine Tanten und Onkel, mein Großmütter und Großväter von allen Seiten. Ohne euch wäre ich nicht hier.

Ich möchte meiner Mutter, Kay Baxter, danken und meinem Stiefvater, Bob Corker. Ihr habt mir einen anderen Weg im Leben aufgezeigt. Ich danke euch für eure Liebe, Unterstützung, Geduld, Freundlichkeit und für die wunderbare und naturnahe Kinderstube, die ihr mir gegeben habt.

Mein letzter – aber allerwichtigster – Dank geht an meinen Sohn Oliver, den geduldigsten Sohn der Welt. Du bist für mich eine schier endlose Quelle der Freude, der Inspiration, der Fröhlichkeit. Du erfüllst mein Herz mit Liebe, du machst meine Welt komplett und wirklich rund. Ich danke dir – dies ist nur für dich.